Herderbücherei

Band 1739

Über das Buch

„Das Leben kann man nur vorwärts wagen, es richtig verstehen kann man nur rückwärts.“ So sagt Sören Kierkegaard. Im lauten Hin und Her des Alltags wird es oft schwer, unser Leben rückschauend zu verstehen. Doch wenn wir still werden, dann kann es sein, daß plötzlich Wolken aufbrechen, Strahlen unser Leben beleuchten. Dann beginnt vielleicht der Alltag zu sprechen. In diesem Buch zeigt der Autor Wege, die Erfahrungen der Meditation für den Alltag des Lebens fruchtbar zu machen, das Leben zu erfahren als einen Weg, der letztendlich ins Licht führt, Mut und Vertrauen für die Zukunft schenkt.

Über den Autor

Constantin Pohlmann, geboren 1917 in Rheda in Westfalen, seit 1936 Franziskaner, nach Krieg und Gefangenschaft 1949 Priester, Dr. theol., Dozent der Theologie und Domprediger in Paderborn, Bundeskaplan DPSG, Provinzial, Bildungsstätte Haus Ohrbeck, seit 1984 Leiter des Bischöflichen Exerzitienhauses in Hildesheim, 20 Bücher über Pastoraltheologie, franziskanische Spiritualität und Meditation.

Constantin Pohlmann

Klingende Schöpfung

Spuren Gottes in der Stille

Herderbücherei

Originalausgabe
erstmals veröffentlicht als Herder-Taschenbuch

Buchumschlag: Werner Bleyer

Umschlagbild:
Berthold Furtmeyr, Altes Testament, 1468–1470 entstanden,
Fürstlich Oettingen-Wallenstein'sche Bibliothek und
Kunstsammlung, Schloß Harburg

Herder Freiburg · Basel · Wien
Herstellung: Freiburger Graphische Betriebe 1991
ISBN 3-451-08739-1

Constantin Pohlmann

Klingende Schöpfung

Spuren Gottes in der Stille

Herderbücherei

Originalausgabe
erstmals veröffentlicht als Herder-Taschenbuch

Buchumschlag: Werner Bleyer

Umschlagbild:
Berthold Furtmeyr, Altes Testament, 1468–1470 entstanden,
Fürstlich Oettingen-Wallenstein'sche Bibliothek und
Kunstsammlung, Schloß Harburg

Herder Freiburg · Basel · Wien
Herstellung: Freiburger Graphische Betriebe 1991
ISBN 3-451-08739-1

Inhalt

Zur Einführung

Sören Kierkegaard meint: „Das Leben kann man nur vorwärts wagen, es richtig verstehen kann man nur rückwärts.“ Im lauten Hin und Her des Alltags wird es uns schwer, unser Leben rückschauend zu verstehen. Doch wenn wir still werden, dann kann es sein, daß aus den Wolken der Vergangenheit langsam oder manchmal auch plötzlich Strahlen aufbrechen und unser Leben beleuchten.

Vielleicht geschieht es dann, daß der Alltag zu sprechen beginnt. Zwar sind die Wege und Umwege, die wir gehen oder geführt werden, unberechenbar. Doch in der Stille ahnen wir, daß einer uns führt, den wir nicht sehen, nicht hören, nicht fühlen, und doch spüren wir ihn auf Schritt und Tritt.

Ich würde mich freuen, wenn die Leser dieses Buches durch diese Ausführungen ermutigt würden, auch ihr Leben zu erfahren als einen Weg, der wohl manchmal dunkel erscheint, der aber letztlich ins Licht führt. Daraus könnte uns Mut, Vertrauen und Zuversicht für die Zukunft geschenkt werden.

Constantin Pohlmann

I.
Gott spricht im Schweigen
Klang der Stille

1. Erleben und erfahren

Etwas sehr Menschliches ist das Gehen eines Weges. Der Weg weist nach vorn in die Zukunft. Wir schreiten auf ihm, bewegen uns, erwarten, erleben und erfahren ihn. Das Wort Erfahrung hängt mit dem Fahren auf diesem Weg zusammen. Unser ganzes Leben ist wie ein Weg, wir sprechen vom Lebensweg. Täglich machen wir auf diesem Weg Erfahrungen: Gemeinschaft, Liebe, Freude, Freundschaft, Glück, Erfolg und Mißerfolg, Jung-sein und Älter-werden, aber auch Krank-sein, Sterben und Tod.

Manchmal, wenn wir wie in einem Rückspiegel unseren Weg überdenken, abends am Ende eines Tages, am Abend des Jahres – oder bei besonderen Anlässen wie Urlaub, Geburtstag, Jahrestag der Hochzeit oder in stillen Stunden der Besinnung, ordnen sich die verschiedenen Eindrücke wie Eisenspäne, wenn sie von einem Magnet beeinflußt werden, oder wie ein Teppich, den man bisher mit dem Wirrwar von zahllosen Fäden von unten sah, plötzlich ihn aber von oben sieht und dann ein gutes, sinnvolles, sogar schönes Muster entdeckt. Ist es möglich, darin die Spuren Gottes zu sehen?

Alle Generationen haben ihre Erfahrungen mit Gott niedergeschrieben oder ausgesagt. Meistens waren diese Erfahrungen nicht mit spektakulären Ereignissen verbunden, sondern mit einfachen Begegnungen des Alltags. Da geht Mose in der Wüste einher und weidet wie jeden Tag seine Schafe. Doch der Dornbusch, den er ebenfalls jeden Tag gesehen hat – plötzlich fängt er an zu leuchten, und Mose sieht darin die Spur des rufenden Gottes.

Besonders eindrucksvoll ist die Gestalt des Jakob. Im 32. Kapitel der Genesis wird geschildert, wie er mit Frauen, Kindern und Mägden die Furt des Flusses durchschreitet und all sein Eigentum hinüberschafft. Dann heißt es: „Jakob blieb für sich allein zurück. Da führte ein Mann einen Ringkampf mit ihm bis zum Beginn der Morgenröte." Was bedeutet dieser Kampf? Die Begegnung eines Menschen mit Gott, der führt und lenkt, verwundet und heilt. Der Mensch möchte Segen, Heil und Geborgenheit. Kämpft er nicht immer um das Glück? Die anatomischen Folgen dieses Ringkampfes: Das Hüftgelenk des Jakob wird ausgerenkt, er muß von dieser Stunde an hinken. Doch als die Sonne aufging, sagte er: „Ich habe Gott von Angesicht zu Angesicht gesehen." Die Lebenserfahrung einer Krankheit wird hier zur Glaubenserfahrung.

Verweilen wir bei diesen beiden Begriffen: Erleben und erfahren. Man *hat* Erlebnisse, aber man *macht* Erfahrungen. Wenn man seine eigenen Erlebnisse überdenkt, stellt sich heraus, daß die Erlebnisse sich einstellen, uns widerfahren, über uns kommen.

Erfahren ist dagegen ein Tun, ein Sammeln von Einzelheiten im Überblick, gleichsam im Rückspiegel des Lebensfahrzeuges. Ich wähle aus und erkenne, daß in ihnen eine Tendenz liegt, die auf ein Prinzip hinweist; z. B.: Immer wieder habe ich erlebt, daß ich in vielen Gefahren beschützt worden bin, also erfahre ich die Hand eines anderen, der mich trägt. Das ist die Erfahrung aus vielen Einzeldaten. Sie ist nicht immer nach menschlicher Logik geordnet; nicht selten habe ich Verlassenheit, Angst, Not und Unsicherheit erlebt. Und dennoch kann ich sagen: Gott ist es, der mich durch mein Leben geleitet hat. Mit dem Verstand kann ich dies nicht beweisen, denn manches geht in dieser Rechnung nicht auf, vieles ist unbegreiflich. Aber heißt glauben nicht eigentlich „die Unbegreiflichkeit Gottes ein Leben lang aushalten", wie Karl Rahner sagt?

O Gott, du mein Gott,
wie mein Herz nach dir brennt,
wie trockene Erde nach Wasser,
so dürstet nach dir meine Seele,
sehnt alles in mir sich nach dir.
Ich komm in dein Haus und schau nach dir aus,
am Saum deiner Kraft und der Herrlichkeit.
Machtvoll blickst du mich daraus an.
Größeres ist nicht als dein Erbarmen!
Immer soll dich mein Leben rühmen,
in deinem Namen sei es vollbracht.
Und wie du mich auch noch sättigst!
Ich lebe und tu damit meine Tage
und zehre davon, wenn es Nacht;
mein Jubel küßt deinen Namen.
Ich bin ja im Glück deiner Flügel
und darf an dich mich anschmiegen,
und du Herr, hältst wunderbar mich.

Psalm 63, 1–9

2. Gott spricht im Schweigen

Jeder hat seine Erfahrungen mit Gott, jeder auf seine je persönliche und verschiedene Weise. Für den einen ist ein Gottesdienst in einer überfüllten Kathedrale oder bei einem Kirchentag mit jubelnden Gesängen Zeichen der Gegenwart Gottes, für den anderen die Stille des Waldes, die sternenklare Nacht oder das Schweigen der Einsamkeit. Diese Situationen der Stille haben für viele Menschen, deren Ohren durch den Lärm der heutigen technischen Zivilisation krank geworden sind, einen hohen Wert. Nicht nur ihre Ohren sind krank, sondern auch ihr Herz. Sie sind innerlich verwundet, gespalten, betäubt. Für sie kann die Stille zu einer Medizin für Leib und Seele werden. Allerdings wie bei manchen Medikamenten schmeckt diese zunächst oft bitter, aber im Laufe der Erfahrungen wird der Heilungsprozeß spürbar. Wie viele Menschen begeben sich heute zu den Stätten der Meditation, wo sie in stillen abgedunkelten Räumen sitzen und schweigen und innerlich horchen auf den Klang der Stille. Viele haben die Wüste als Symbol für Abgeschiedenheit wiederentdeckt und suchen sie auf, um wieder innerlich gesund zu werden. Doch ist Stille ein Zeichen für die Gegenwart Gottes? Sind diese nicht auch Donner, Feuer und Sturm? Oft wird in den Psalmen der wunderbare Gott besungen, der „vom Himmel donnert" (17,14). Oder redete Gott nicht „mitten aus dem Feuer heraus" (Dtn 4,12), und kann er nicht „mit Sturm und Wetter" (Ps 83,16) seine Feinde erschrecken und verjagen?

Auch der Prophet Elia dachte so. In einer ausdrucksstarken feinfühligen Erzählung wird berichtet (1 Kön 19), wie der Prophet, der sich im Kampf gegen falsche Götter und Propheten aufgerieben hatte, sich müde in der Wüste unter einen schattenspendenden Strauch setzt und sich den Tod wünscht. Der Engel Gottes rührt ihn an, stärkt ihn mit Brot und Wasser und muntert ihn zur weiteren Wanderung bis zum Gottesberg auf. Dort begibt er sich zur Übernachtung in eine Höhle. Doch der Herr stellt ihn auf einen Berg und zieht an ihm vorüber. „Ein starker, heftiger Sturm, der die Berge zerriß und die Felsen zerbrach, ging dem Herrn voraus. Doch der Herr war nicht im Sturm. Nach dem Sturm kam ein Erdbeben. Doch der Herr war nicht im Erdbeben. Nach dem Beben kam ein Feuer, doch der Herr war nicht im Feuer. Nach dem Feuer kam die Stimme zarter Stille (ein sanftes leises Säuseln). Als Elia sie hörte, hüllte er sein Angesicht in den Mantel, trat hinaus", um die Stimme Gottes für neue Aufträge zu vernehmen (19,11–13).

Wie viele Menschen haben im Laufe der Geschichte das Lob der Einsamkeit und Stille besungen! Und wie viele, gerade wenn es sich um starke, aktive Persönlichkeiten handelte, wie Bernhard von Clairvaux oder Johannes Capistran, die fast immer unterwegs waren, wie viele haben in ihr den Ausgleich der inneren Erfüllung gefunden und neue Kraft geschenkt bekommen. Das Leben des Missionars Leonard von Porto Maurizio, der ohne Rast und immer wieder anstrengende Volksmissionen hielt, aktionsgeladen und kämpferisch 40 Jahre hindurch, hat sich abgespielt zwischen Kanzel und Ritiro. Sein Lieblingsaufenthalt zwischendurch war die Einsiedelei Incontro in der Nähe von Florenz. Die befreiende Stille der Einsamkeit ermöglichte ihm, so sagt er selbst, die großen Erfolge seiner Predigten: „Mein Beruf ist die Mission im ständigen Aufgehen für Gott und die Einsamkeit im ständigen Aufgehen in Gott."

Der Lordkanzler Heinrichs VIII. von England hatte eigentlich zuerst Kartäuser werden wollen. In seiner Haft erblickte er eine gottgeschickte Gelegenheit zum beschaulichen Leben und ertrug Hunger und Kälte.

In der neuesten Zeit haben viele die Mystik neu entdeckt, für die das Schweigen ein konstitutives Element ist. Das mystische Schweigen, „gefüllt" mit dem Reichtum der Leere, jenseits von Begriffen und lauten Worten, hingegeben der Nähe des gegenwärtigen Gottes, erfahren als das Innerste von allem. Im Schweigen erfährt der Mystiker Gott als Sicherheit, Ruhe, Milde, Hoffnung und Liebe, wie Franziskus es in einem mystischen Stammeln zum Ausdruck zu bringen versuchte[1]. Im Laufe der Zeit wird der Mystiker immer mehr ruhig, still, zuwartend, gelassen; er läßt sich los und erfährt im Schweigen die Liebe. Das ist „die dunkle Nacht" des Johannes vom Kreuz.

Carlo Carretto, der kürzlich verstorbene Entdecker der „Wüste", bringt wie alle modernen Mystiker dies zum Ausdruck: „Wenn ich mich danach sehne, still zu Füßen Gottes zu sein, ohne etwas zu denken, ganz in Liebe Gott zugeneigt – das ist etwas Großartiges. Es ist eines der schönsten Geheimnisse geistlichen Lebens"[2].

Erfülltes Schweigen

Gott,
Du hast mit deiner Welt zusammen auch das Schweigen erschaffen. Es ist so still in Deiner Welt. Zwar einige Deiner Geschöpfe machen Lärm, am meisten die Menschen. Aber ihr Gezirpe verschwindet doch in dem gewaltigen Choral des Weltschweigens. Und je weiter die Natur von den Menschen entfernt ist, um so schweigsamer ist sie: die Sterne, das Gebirge und die Blumen. Sie sind unbeteiligt am Menschen und wissen nichts von ihm. Sind sie darum so schweigsam?

Man kann aber nicht sagen, daß es totenstill sei in Deiner Welt. Kein Toter ist in dieser Weise still. Er sagt einfach nichts. Aber das Schweigen in Deinem Weltall ist so erfüllt, so betont, so eindringlich. Es ist nicht das Schweigen des Nichts, sondern das Schweigen des Alls.

Es ist darum so erfüllt, dieses Schweigen, weil es ein lauschendes Schweigen ist. Zuweilen sieht man es den Bäumen und dem Wald geradezu an, daß sie lauschen auf einen Klang, den ich nicht zu hören vermag. Es ist oft wie ein heiliges, wie ein gottesdienstliches Schweigen, das in deiner Welt ist. Das Schweigen der mondhellen Nächte über dem Gebirge, das Schweigen des Meeres, das von seinen Stürmen ermüdet in der Mittagssonne ausruht, das Schweigen der Blumen, die auf die Morgensonne warten, und das Schweigen der Sterne in ihrer Einsamkeit – all das ist wie ein betendes Schweigen. So schweigen wohl auch die obersten Deiner Engel vor Deinem Angesicht.

Peter Lippert SJ

3. *Gewalt der Stille*

Selbst die Carceri waren an diesem Oktobernachmittag zu laut. Eigentlich ein Widerspruch in sich an dieser Stelle, an der Franziskus mit seinen ersten Gefährten tagelang in tiefem Schweigen, geborgen im Dunkel der Höhlen, meditierte. Gäste kamen und gingen; Pilger besuchten fragend und sich unterhaltend die freigegebenen Räume. Es war uns zu laut. So gingen wir über den Weg oberhalb des Gebäudekomplexes, wo uns schon nach wenigen hundert Metern die Stille umfing. Im weiten Umkreis kein Haus, keine Menschenansiedlung, kein Lärm, nur die Stimme der Vögel, der Zikaden in der Nähe und ganz hinten in der verglimmenden Ferne ein Hundegebell, der Ton eines Liedes, ein Eisenbahngeräusch, ein Autohupen.

Die große Entfernung dieser Geräusche trug dazu bei, daß die Stille durch sie, sparsam wie sie vernommen werden konnte, nicht gestört, sondern geradezu unterstrichen wurde. Ich erinnerte mich an ein japanisches Haiku, das mir unser Bruder Professor aus Tokio einmal erläuterte: „Ein Vogelschrei in tiefer Einsamkeit durchbricht die Stille nicht, sondern steigert sie.“

Stille: wie Seide zart und schön und glänzend. Wie Olivenöl geschmackvoll und herb. Ich kann mich nicht erinnern, daß mich etwas mehr fasziniert hat als dieses gefüllte Schweigen. Jetzt weiß ich, was Kreativität ist: Im Horchen, im Hingegebensein, im Empfangen berührt werden, so daß in der Steppe die Pflanzen sich heben und Blüten aufbrechen, wo Schatten war.

Stille ist stark und sanft, herb und süß, geduldig und ehrfürchtig und voll Würde. Sie ist nicht wie Kuchen, sondern wie das gute, starke, nährende Brot, voll Geschmack, der die Zunge zum Verweilen einlädt.

Jeder von uns sitzt wie gebannt von der Gewalt des Schweigens. Der eine hier im Schatten der Kiefer, der andere weiter weg in der Sonne, die wohltuend warm und erhellend in diesen letzten Oktobertagen scheint. Über das weite Spoleto-Tal wirft sie Licht, jedoch mit einer schleierhaften Unschärfe, aber so, daß man weder von Dunst noch von Nebel, noch von Diesigkeit sprechen kann. Diese Sonnenlandschaft ist verhalten, nicht so satt, wie sie uns oft sonst vorkommt, wenn jeder Gegenstand in greller Deutlichkeit erscheint. Man müßte eher von einem Schleier sprechen, der über den Bergen und Zypressen, über den Häusern von Portiunkula in der Ferne ausgebreitet ist und über dem Berghang weit hinten, auf dem Perugia sich in Jahrhunderten aufgebaut hat.

Dieser Schleier ist dieser Landschaft ehrfürchtig angepaßt. Er umhüllt ihr Geheimnis. Hier ging Franziskus, schaute, träumte, betete. Hier war Bonaventura und sann nach über die Schöpfung als Weg zum letzten Urgrund, als Weg, der in Stufen und Windungen uns zum ursprünglichen Geheimnis führt. Und er überlegte, wie dieser Weg sich in der Nachfolge des Jesus von Nazareth konkret darstellen müßte in Glaube, Hoffnung und Liebe.

Als die Stunde vorüber war, sammelten wir Eindrücke und Meditationserfahrungen in einem sparsamen Gespräch. Dem einen war die Stunde vorgekommen wie eine Kahnfahrt auf einem weiten See, der See war die verhalten glänzende Tallandschaft zwischen dem Monte Subasio und dem Kamm des Apennin im Westen. Ein anderer sagte, er habe geträumt, aber in diesem Traum die Wirklichkeit intensiver als sonst erfahren, und die übrigen sprachen von Freiheit und Glück und von der Gewalt des Schweigens in der Stille, wie sie diese Verse eines japanischen Haiku ausdrücken[3]:

Auf meiner Wanderung durch die Einöde
vernahm ich den Gesang der Grille.
Es war wie leiser Ruf der Heimat.
Ich kniete nieder
und senkte mein Gesicht ins Heidekraut.

Stille Gottes

Stille, du Musikantin der Früchte! Die du die Keller, die Kammern und Speicher bewohnst! Du Gefäß voller Honig, den der Fleiß der Bienen ansammelt! Du Ruhe des Meeres in seiner Fülle!

Stille, in die ich die Stadt von der Höhe der Berge einschließe, ihren verstummten Wagenlärm, ihre Schreie und den hellen Klang ihrer Schmiedehämmer! Alle diese Dinge sind schon im Gefäße des Abends aufgehoben. Gott wacht über unserem Fieber, sein Mantel breitet sich über die Unruhe der Menschen …

Stille des Menschen, der sich aufstützt und nachdenkt, der fortan ohne Aufwand empfängt und dem Gehalt seiner Gedanken eine Form gibt. Stille, die ihn erkennen läßt und seine Unwissenheit möglich macht, denn zuweilen ist es gut, daß er nicht weiß. Stille, die sich den Würmern, den Schmarotzern und den schädlichen Gräsern versagt. Stille, die sich bei der Entfaltung deiner Gedanken behütet.

Stille, die selbst die Gedanken erfüllt. Ruhe der Bienen, denn der Honig ist bereitet und soll nur noch ein vergrabener Schatz sein. Und ein Schatz, der reift. Stille der Gedanken, die ihre Flügel breiten, denn es ist schlecht, wenn du in deinem Geiste oder deinem Herzen unruhig bist.

Stille des Herzens. Stille der Sinne. Stille der inneren Worte, denn es ist gut, wenn du Gott wiederfindest, der die Stille im Ewigen ist. Wenn alles gesagt, wenn alles getan ist.

Stille Gottes, die dem Schlafe der Hirten gleicht: obwohl dann die Lämmer von den Schafen bedroht zu sein scheinen, ist es der süßeste Schlaf, wenn es keinen Hirten und keine Herde mehr gibt: denn wer vermöchte sie zu unterscheiden unter den Sternen, wenn alles Schlaf ist, wenn alles ein einziger wollener Schlaf ist.

Antoine de Saint-Exupéry

4. *Stufen des Schweigens*

Für alle Mystiker ist Schweigen ein Thema. Jeder hat seine Erfahrungen gemacht. Im großen und ganzen sind alle gleich: „Gott spricht im Schweigen." Doch gibt es Nuancen. Der unbekannte englische Mystiker, der „Die Wolke des Nichtwissens" verfaßt hat[4], sieht seinen geistlichen Weg als „Weg des Schweigens". Um zu seinem tiefsten Selbst zu gelangen, muß der Mensch durch die Wolke hindurch, durch die Aktivitäten des Verstandes hindurchstoßen ins „Leere", um zu neuen Tiefen des Bewußtseins zu erwachen.

Besonders deutlich hat der Franziskaner Francisco de Osuna die Stufen des Schweigens beschrieben. Er ist wohl die größte spirituelle Autorität im Spanien des 16. Jahrhunderts. Viele berufen sich auf ihn, z. B. auch Teresa von Ávila und Johannes vom Kreuz. Er hat sich vor allem mit der Kontemplation beschäftigt und sie beschrieben: Bei diesem inneren Gebet „hebt sich unser höchster Seelenteil in der reinsten und liebevollsten Weise zu Gott, getragen von den Flügeln des Wunsches und des in Liebe erstarkten Gefühls. Je größer die Liebe ist, um so weniger Worte bedarf sie. Wenn die Liebe echt ist, bedarf sie keiner großen Reden, wirkt aber schweigend große Dinge"[5].

Dieser große Mystiker nennt zwei Voraussetzungen: 1. den Verstand beruhigen, 2. ihn zum Schweigen bringen. Die erste Art des Schweigens erfahren wir, „wenn in uns alle Gedanken, Vorstellungen und Bilder des Sichtbaren aufhören und die Sinne gleichsam gegenüber dem Geschaffenen schweigen."

„Die zweite Weise des Schweigens gleicht jener geistlichen Muße, mit der sich Maria zu Füßen des Herrn setzte". Osuna nennt diese Art des Schweigens „totale Zuwendung unseres inneren Menschen zu Gott allein": schweigende Anbetung.

Die dritte Art des Schweigens vollzieht sich in Gott, wenn die ganze Seele in ihm verwandelt ist. Es kommt hier vor, daß „unser Verstand so verstummt oder richtiger, so versunken ist, daß er nichts von dem versteht, was man zu ihm sagt". „Wir sagen hier nicht, du solltest dein Bewußtsein zum Schweigen bringen, sondern deinen Verstand ... das heißt, daß dein Denken verstummt und du lernst, das Herumwandern der Erinnerungen und Vorstellungen zu unterbinden ... Du mußt dich daran gewöhnen, ganz tief in dir selbst zu verbleiben".

Der wichtigste Rat von Osuna heißt: „Versetz deinen Verstand tief in Ruhe und Schweigen!" „Wie unsäglich ist die Stille, wenn Gott und die Seele in Liebe schweigen."

Die Aufforderung, blind, taub und stumm zu sein, wenn wir uns Gott im Schweigen nähern wollen, muß im rechten Sinne verstanden werden. Nicht als ob wir die Schönheiten der geschaffenen Dinge nicht sehen sollten. Sie können uns ja, wie das Lied der Kreaturen von Franziskus beweist, hin zu Gott führen, um in einer „kosmischen Mystik" die Einheit mit dem Ganzen zu erfahren: „Gott alles in allem" (1 Kor 15,28).

Es ist geradezu wie „die Stimme zarter Stille", die wir hören können, wenn wir mit unseren Augen und Ohren die kleinen schönen Dinge auskosten: Den nächtlichen Sternenhimmel, den wir bestaunen, den Sand, der durch unsere Hände fließt, das Wasser, das uns trägt, der herbe Wind der Nordsee oder die milde Luft des Mittelmeeres, die wir einatmen. Vielleicht werden wir bewegt, wie Franziskus die Dinge der Schöpfung mit Bruder oder Schwester anzureden und uns so als gemeinsame Kinder des gemeinsamen Schöpfers zu erfahren.

Schweigen

Nicht nur still werden und den
Lärm abschalten, der mich umgibt.
Nicht nur entspannen und die
Nerven ruhig werden lassen.
Das ist nur Ruhe.

Schweigen ist mehr.
Schweigen heißt: mich loslassen
nur einen winzigen Augenblick
verzichten auf mich selbst
auf meine Wünsche
auf meine Pläne
auf meine Sympathien und Abneigungen
auf meine Schmerzen und meine Freuden
auf alles, was ich von mir denke
und was ich von anderen halte
auf alle Verdienste
auf alle Taten.
Verzichten auch auf das,
was ich nicht getan habe,
auf meine Schuld – und
auf alle Schuld der anderen an mir,
auf alles, was in mir Unheil ist.
Verzichten auf mich selbst.
Nur einen Augenblick DU sagen
und Gott das sein lassen.
Nur einen Augenblick sich lieben lassen
ohne Vorbehalt
ohne Zögern
bedingungslos
und ohne auszuschließen,
daß ich nachher brenne.
Das ist Schweigen vor Gott.
Dann ist im Schweigen
Stille
und Reden
und Handeln
und Leiden
und Hoffen
und Lieben
zugleich.
Dann ist Schweigen:
Empfangen.

Auf dieses Schweigen
weiß ich keine Antwort
als: neues Schweigen
weil Gott größer ist
weil jede versuchte Antwort
zu klein gerät.
Und doch habe ich keine
Angst
zu reden
und zu handeln,
weil das Schweigen
eines Augenblicks
vor Gott
und mit Gott
und in Gott
die lauten Stunden erlöst.

Annette, 20 Jahre alt, in Taizé

5. Orte des Schweigens

Jeder wird seinen Ort finden, wo er schweigend in der Meditation die Nähe des lebendigen Gottes erfährt. Allerdings ist das heutzutage nicht immer leicht, weil unsere Welt so laut ist. Wenn wir einmal dem Lärm entfliehen möchten, können wir das überall versuchen: In der Eisenbahn z. B., und das ist schön, wenn der Zug nicht überfüllt ist, wenn er bei hohem Tempo bis zu 200 Stundenkilometer scheinbar durch die Landschaft gleitet, an Wäldern, Straßen, kleinen Seen, Städten und Dörfern vorbei. Ist das nicht so etwas wie eine Vorerfahrung von Zeitlosigkeit, von Transzendenz, wo Grenzen von Zeit und Ort im Fahren überschritten werden? Und das mit neuer Technik immer sanfter werdende Geräusch und das immer geringer werdende Rütteln: tragen sie nicht dazu bei, den Eindruck von einer technischen Musik zu vermitteln, die den Weg begleitet, nicht eintönig, aber doch gleichmäßig wie Meditationsmusik?

Das Eisenbahnerlebnis ist noch bescheiden gegenüber dem faszinierenden Meditationsblick, den wir aus dem Flugzeug in großer Höhe geschenkt bekommen! So etwas wie die Erfahrung von Unendlichkeit.

Selbst in einer Großstadt kann man Erfahrungen der inneren Stille machen, wenn nur die Seele still bleibt und das Herz offen ist. Doch im allgemeinen müssen wir, wenn wir heute Stille erfahren wollen, schon vieles unternehmen. Der Lärm begleitet uns überall. Und wenn wir weit gegangen und gefahren sind, etwa in einen tiefen Wald hinein weitab vom Straßennetz, dann kann der „Klang der Stille" befreiend sein. Stille, die zum Meditieren einlädt, ist vielleicht heute für viele die einzige Medizin, die man nicht in Form von Tabletten schlucken muß, die aber gerade deshalb so wirksam ist.

Neben Kirchen und Kapellen gibt es viele andere Orte des Meditierens, vor allem Höhlen und Grotten. Wer glaubt, es sei belanglos, wo eine Meditation stattfindet, der gehe einmal in eine große Kirche und dann in eine kleine dunkle Grotte. Er wird feststellen, daß eine Höhle womöglich eine existenzielle Wirkung auf den Menschen ausübt, wenn er nicht, um archäologische und geologische Studien zu machen, sich dorthin begibt, sondern sich besinnlich in dieser stillen Abgeschiedenheit aufhält, die feuchte kühle Luft einatmet, das Dunkel auf sich wirken läßt, den Lichtschein von draußen wahrnimmt und die Umrisse dieser Höhle als bergende Hülle empfindet wie etwa die Höhlengräber aus der Etruskerzeit, die Franziskus in der Nähe von Orte aufsuchte. Das ist bei Franziskus immer wieder festzustellen: wenn er sich zurückzieht zur intensiven Meditation, wechselt er den Ort. Sonst kann er überall und immer beten, denn der Beter wird zum Gebet. Aber zu dem bewußten Sich-Zurückziehen dienen ihm Wälder, Berge, Seen, vor allem Felsspalten, Grotten und Höhlen, manchmal eine selbstgebaute Zelle, wenigstens aber der Mantel, der zu einer kleinen schützenden Höhle oder wie zu einer Zelle geformt wird.

Manchmal sind es Einsiedeleien auf den Höhen von Bergen, wie etwa die Carceri auf dem Monte Subasio oder der Alvernaberg mit seinen Felsspalten, „ruhig, einsam, abgeschieden, um dort für Gott ganz frei zu sein“ (1 Cel 91). Beim Hinaufsteigen zu diesen Felsennestern verspüren wir etwas vom Hauch der Stille, in der Franziskus und seine Brüder in Versunkenheit beten konnten.

„In dieser wilden, abschüssigen Landschaft, wo jeder Weg aus strapaziösen Anstiegen und steilen, gefährlichen Abstiegen bestand, wurde sogar der Leib einer Lockerungs- und Reinigungsübung unterzogen; sie machte ihm den Geist gefügiger. Um das Gebetsleben durchzuhalten, mußte man etwas vom Jongleur oder Akrobaten haben. Man durfte sich nicht scheuen, auf den Händen zu kriechen und die Kleidung am rauhen Gestein zu zerreißen. Eine solche Akrobatik war in den Augen des Franziskus eine Art Gotteslob. Und eine große Weisheit. Leib und Seele beschwingten einander in engem Kontakt und gewannen im wahren Frieden des Geistes ihre Einheit zurück“ (Eligius Leclerc).

6. Der schweigende Gott

Nicht alle Menschen haben Gott immer als Vater oder Bruder oder Freund erfahren, der mit ihnen spricht. Manche erfuhren ihn als den schweigenden Gott, der fern ist und das Rufen der Menschen nicht hört, als den stummen Gott, der wie ein grausamer Tyrann sich dem Flehen des Menschen entzieht, während er Krankheit, Tod und Unheil zuläßt. Alle Generationen haben dieses Schweigen des verborgenen Gottes beschrieben: „Schweig doch nicht, o Gott, bleib nicht still, bleib nicht stumm“ (Ps 83, 2); „wende dich nicht schweigend von mir ab“! (Ps 28, 1).

Unserer Zeit ist es zum ersten Male in der langen Geschichte der Menschheit vorbehalten, daß viele Millionen Menschen, ja ganze Völker sagen, sie könnten nicht beten und wollten nicht beten, weil sie nicht glauben können und wollen. Die bisher nie dagewesene Konstellation zahlreicher Umstände und Entwicklungen – Technik, Wirtschaft, Gesellschaft, Wissenschaft, Erfahrung von Angst und Verzweiflung – ist für viele ein Anlaß, den Glauben aufzugeben. Sie sagen: Wenn Gott Auschwitz zugelassen hat, gibt es keinen Gott.

Vieles, sehr vieles kann heute das Glauben erschweren: Terror, Bomben, Bevölkerungsexplosion, Klima- und Umweltkatastrophen, Kriegsangst, Rüstungsspirale, Manipulation und geistige Orientierungslosigkeit.

Auf der anderen Seite bewirkt der „Schrecken des Nichts" eine Gegenbewegung. Immer mehr Menschen, junge vor allem, wenn sie auch zunächst eine verschwindende Minderheit sind, halten, zunächst mehr ahnend als theologisch reflektierend, Ausschau nach dem Gott, der sich hinter den Wolken erahnen läßt.

„Trau nicht deinen Ohren,
trau deinen Augen nicht,
du siehst Dunkel,
vielleicht ist es Licht" (Bert Brecht).

Die Menschen möchten eine Antwort auf die Sinnfrage. Denn je länger die „Gottesferne" und „der Tod Gottes" dauern, desto unerträglicher wird die Last des Auf-sich-selbst-geworfen-Seins und desto intensiver wird das Verlangen nach Orientierung. Und so tastet der Mensch, horcht in das Schweigen Gottes hinein und erfährt in dem kleinen Gebetswort „du mein Gott", das er fragend, suchend aber verlangend spricht, möglicherweise eine neue, unendliche Perspektive. Die Unbegreiflichkeiten Gottes, die er aushält, und das Schweigen Gottes, das er erträgt, können zu einer stummen Antwort werden, die besagt, daß Gott andere Dimensionen hat als unsere vorschnellen Vorstellungen von ihm und daß die Unbegreiflichkeit zu seinem Wesen gehört.

Die Unbegreiflichkeit des schweigenden Gottes: wer müßte sie nicht in seinem Leben erfahren! Ich weiß, daß Gott mich liebt, aber er läßt mich leiden. Ich weiß, daß Gott die Welt in Weisheit erschaffen hat und sie in Güte erhält, aber er läßt Katastrophen, Kriege und Morde zu. Ist das nur Widerspruch oder nicht auch Widersinn, im wahrsten Sinn ein Paradox, etwas das einem evidenten Tatbestand zu widersprechen scheint?

Und wenn Gott auf diese Paradoxe des Glaubens eine Antwort gibt? Verstehen wir sie? Können wir sie verstehen? Der Sohn Gottes Jesus Christus, wurde vom Hohenpriester gefragt, ob er auf die Vorwürfe der Leute nichts antworten wolle. „Jesus aber schwieg“ (Mt 26,63). Der Hohepriester fragt nochmals: „Bist du der Sohn Gottes?“ Jetzt tritt Jesus aus dem Schweigen heraus und antwortet mit Ja. Aber diese Antwort ist für die Menschen noch unbegreiflicher als das Schweigen. Sie haben nur die Antwort: „Er muß sterben.“

Wird Gott sein Schweigen lösen und uns Antwort geben auf unsere tausend Fragen: Warum? Einer der bedeutendsten Romane der Weltliteratur versucht das Schweigen Gottes gegenüber dem Leid der Menschen zu deuten: das Buch Ijob. Der rechtschaffene Mann wird geprüft: Er verliert seinen Reichtum, noch schlimmer, er verliert seine Gesundheit. Ijob weiß nicht, was er glauben, denken und tun soll. Er verflucht den Tag seiner Geburt. Auf die Einwände und theologischen Begründungen seiner Freunde weiß er keine Antwort und ist enttäuscht über sie. „Was tat ich dir, du Menschenwächter? Warum stellst du mich vor dich als Zielscheibe hin?“ (7,20). Warum? „Warum ließest du mich aus dem Mutterschoß kommen, warum verschied ich nicht, ehe mich ein Auge sah?“ (10,18). Doch zwischendurch wie ein Blitz in der Nacht leuchtet die Unbegreiflichkeit Gottes als Verheißung auf, denn letztlich „ruht in seiner Hand die Seele allen Lebens und jeden Menschenleibes Geist“ (12,10). Unbegreiflich und dunkel ist Gott. Doch gibt er

Zeichen, daß er auf seiten seiner Geschöpfe steht, Zeichen der Allmacht und Güte. So keimt Hoffnung und Vertrauen: „Ich weiß, mein Erlöser lebt, als Letzter hielt er sich über dem Staub!" (19,25).

Wie bewundernswert versöhnt und erleuchtet lautet in unseren Tagen die Antwort einer jungen Frau, völlig gelähmt und gekrümmt, nur den Mund konnte sie bewegen, auf die Frage: „Wie geht es Ihnen?" – „Danke, Gott hat mir alles gegeben, was ich brauche." Sie muß einen weiten Horizont haben, um über die Enge ihrer fast totalen Behinderung hinaussehen zu können. Paradox, so könnte man sagen. Aber sind Paradoxe nicht die angemessenen Worte, um die Unbegreiflichkeit Gottes zu umschreiben?

Das Schweigen des Herrn

Alle Evangelisten berichten von dem Schweigen des Herrn: „Da sprach Pilatus zu ihm: Hörst du nicht, welch große Dinge sie wider dich bezeugen? Und der antwortete ihm auf kein Wort, so daß der Landpfleger sich sehr verwunderte" (Mt 27,13–14). Und wie der Hohepriester fragt: „Antwortest du nichts auf das, was diese dir vorwerfen?", heißt es nach Markus: „Er aber schwieg still und antwortete nichts" (14,61). Und auch Herodes stellt vergeblich „viele Fragen", „allein er antwortete ihm nichts" (Lk 23,9). Und wieder wundert sich Pilatus: „Mit mir redest du nicht?" (Joh 19,10). Sie alle, der Landpfleger, der Hohepriester, der Vierfürst werden widerlegt durch das Schweigen Jesu. Im Schweigen ist eine große Macht. Vorwürfe, Verleumdungen, Verdächtigungen, die unbeantwortet bleiben, fallen auf den Spender zurück. Die Worte der Verfolger an den Herrn bleiben gleichsam in der Luft, in der unheimlichen Leere, in der sie das Schweigen Christi festgebannt hat; sie werden immer fragwürdiger, immer belastender, untragbarer für ihre Urheber; mit dem, an den sie gerichtet sind, haben sie, wie all die törichten oder feindseligen Fragen des Herodes, nichts zu tun; sie sind

Selbstenthüllungen derer, die sie vorbrachten; sie sind wesenlos für den, auf den sie gezielt waren.

Reinhold Schneider

7. Schweigende Menschen

Es hat immer Menschen gegeben und es gibt sie auch heute, die die Einsamkeit des Schweigens suchen. Weniger sind hier die Einsiedler auf Lebenszeit gemeint, die nur selten anzufinden sind, sondern Menschen, die zeitweilig die Einsamkeit aufsuchen. Und das sind nicht nur kontemplative Ordensleute, sondern auch viele Laien, die sich gern für einige Tage oder Wochen zurückziehen in ein Kloster, in ein Meditationszentrum oder auch in die Wüste.

„Wüste" ist heute wieder zu einem Begriff geworden. Menschen der Wüste wie die ersten Einsiedler, die in der zweiten Hälfte des dritten Jahrhunderts anzutreffen sind – oder wie heutzutage Charles de Foucauld oder Carlo Carretto –, reiften im Schweigen zur höchsten Lebens- und Liebesgemeinschaft mit dem lebendigen Gott in Gebet und Meditation. Doch nur selten waren und sind sie ganz allein. Auch für sie gilt: „vom Nächsten her kommen uns Leben und Tod. Gewinnen wir den Bruder, so gewinnen wir Gott" (Antonius der Einsiedler). Der heilige Basilius verurteilte das absolute Einsiedlerleben und fordert „Einsamkeit zu mehreren". Dieser Grundsatz setzte sich im Mittelalter durch in den Eremitenorden, die allein leben und Gemeinschaft in der „geordneten Einsamkeit" verbinden.

In manchen kontemplativen Frauen- und Männerorden hat das Schweigen in Einsamkeit hohe Formen erreicht. In seinem Aufsatz „Die Stille" zeichnet Thomas Merton, der 1968 plötzlich auf einer Asienreise verstorbene amerikanische Trappist, den Weg auf, der für beschauliche Menschen, und vielleicht auch letztlich für alle Menschen, von ausschlaggebender Bedeutung ist. Er führt hinunter in die Einsamkeit, an den Punkt, an dem jede Illusion abfällt, an dem aber der Weg frei wird für den „Augenblick der Wahrheit“, in dem man in Gott ein neues Ich entdeckt[6]. Aus dieser wiederentdeckten Identität in der totalen Abhängigkeit von Gott ergeben sich eine neue Unabhängigkeit den Menschen gegenüber, eine neue Freude an der Schönheit und den Wundern der Welt, ein neues Empfinden des Mitleids und ein neues Verständnis.

Diesen Weg nannte Merton gern „die Wüste“. Viele Erfahrungen hat er aus dem Zen gewonnen, mit dem er sich nicht nur beschäftigte, sondern in das er sich einübte. Bei beiden Wegen geht es um Erfahrung in Stille und Schweigen, was ja das Wesen der Mystik ausmacht, wenn Merton Mystik als Gipfel der Religion bezeichnet. Doch was wird erfahren? Der Buddhist spricht von der „Leere“. „Würde man sie irgendwie beschreiben, so brächte man eine Begrenzung hinein. Natürlich ist auch die Leere nur ein Begriff für die unnennbare, begrifflich nicht zu erfassende Fülle.“[7]

Heute sehen wir bei vielen Menschen ein vitales Interesse an dem Begriff Mystik, ebenso auch an dem Begriff Wüste. In dem Buch von Sudbrack-Ligges werden in einer guten Zusammenschau Bilder der Wüste mit Texten von Meister Ekkehart verbunden. Der bezeichnende Titel: „Das wahre Wort der Ewigkeit wird in der Einsamkeit gesprochen.“[8] Haben die kontemplativen Menschen, die im Schweigen ausharren und scheinbar „nutzlos“ sind für die Welt, heute noch eine Aufgabe und Bedeutung? Die Kirche muß hier stellvertretend für die ganze Welt jene schweigenden Menschen motivieren, auf dem Weg der Kontemplation auszuharren. Die Kirche als ganze darf die kontemplative Dimension nicht verlieren, auch nicht einschränken oder überdecken. Sie ist ja ihr Herzstück. Es wäre schade, wenn sie durch allzu viele Aktivität oder durch ehrfurchtsloses Reden an Kraft verlieren würde. Ein Mystiker unserer Tage, ein kosmischer Mystiker sozusagen, Pierre Teilhard de Chardin, hat in seinem Buch „Der göttliche Bereich" auf bewundernswerte Weise zu verstehen gegeben, daß sich Aktivität und Kontemplation miteinander verbinden lassen, Verbindung von Mystik und apostolischem Wirken, im besten Sinne auch Verbindung von menschlicher Tätigkeit und Anbetung. Das kontemplative Leben, so sagt er, gehört zur Vorhut der Evolution. Er vergleicht die kontemplativen Ordensleute mit dem „Schnee, der auf den hohen Gipfeln verloren und vergessen scheint, ohne den aber kein Bächlein in den Tälern fließen würde".

Welch hohe Bedeutung das kontemplative Leben im Schweigen und in Abgeschiedenheit für die ganze Kirche hat, kommt in einem theologisch tief empfundenen Wort der heiligen Klara, die in der Stille des Klosters San Damiano mit ihren Schwestern lebte, im dritten Brief an Agnes von Prag zum Ausdruck: „Ich halte dich für eine Gehilfin Gottes selbst und für eine Stütze der gebrechlichen Glieder seines unaussprechlichen Leibes." [9]

Es ist gar nicht so einfach, das Geheimnis von Einsamkeit und Wüste zu begreifen. Bevor man die Wüste liebt, muß man sie erleiden. Aber dann kann uns aufgehen, was an Verheißung in der Wüste verborgen ist, wie es in dieser Geschichte zum Ausdruck kommt:

Ein Fluß wollte durch die Wüste zum Meer. Aber als er den unermeßlichen Sand sah, wurde ihm angst und er klagte: „Die Wüste wird mich austrocknen, und der heiße Atem der Sonne wird mich vernichten, oder ich werde zum stinkenden Sumpf."
Da hörte er eine Stimme, die sagte: „Vertraue dich der Wüste an." Aber der Fluß entgegnete: „Bin ich dann noch ich selber? Verliere ich nicht meine Identität?"
Die Stimme aber antwortete: „Auf keinen Fall kannst du bleiben, was du bist."
So vertraute sich der Fluß der Wüste an. Wolken sogen ihn auf und trugen ihn über die heißen Sandflächen. Als Regen wurde er am anderen Ende der Wüste wieder abgesetzt.

Und aus den Wolken floß ein Fluß, schöner und frischer als zuvor. Und der Fluß freute sich und sagte: „Jetzt bin ich wirklich ich."

8. Tiefes Schweigen um Mitternacht

Situationen des Schweigens sind mir deutlicher in Erinnerung als Situationen des lauten Wortes. Sehr gut kann ich mir wie in einem Zeitraffer jene Wege vorstellen, die ich schweigend in Einsamkeit ging: durch einen schattigen Wald, über eine weite Wiese, am Ufer eines Flusses entlang, auf einer Flugreise über die Wüste. Vor allem die Nacht birgt tausend Geheimnisse, sie läßt die Gewalt der Stille wohl am meisten spüren: wenn der Sternenhimmel sich ausbreitet wie ein glänzender Teppich über uns und die laute Erde mit ihrem Lärm verstummt und nur noch leise Töne zu hören sind wie das Zirpen von Grillen oder die allmählich verstummenden Rufe der Vögel, fernes Motorengeräusch. Wenn die Konturen der Landschaft im milden Glanz des Mondes schattenhaft zu erkennen sind, rückt alles in die Ferne, was tagsüber so nahe war und uns aufdringlich gefesselt hat. Das Herz wird weit, die Sinne ruhen aus, und es wächst das Verlangen nach Unendlichkeit.

So stelle ich mir den Rahmen vor, in dem die Menschwerdung Gottes geschah. Wie mag das gewesen sein? Alle christlichen Maler haben sie darzustellen versucht, jeder auf seine persönliche tiefempfundene Weise. Auch Lukas hat sie wie ein Maler in seinem Evangelium geschildert: mit zarten Farben, mit sparsamen Worten, mit ehrfürchtiger Einfühlung. Man spürt die Hilflosigkeit seiner Ausführung und doch die Kraft seiner gläubigen Verwunderung: Der Name der Jungfrau und der Stadt, die Verheißung mit dem Hinweis auf die Allmächtigkeit Gottes, die Rückfrage der Begnadeten und die Antwort: „Mir geschehe" (Lk 1,26–38).

Während eines Studienaufenthaltes in Italien habe ich mir überall, wo es meine für einen Studenten zu Verfügung stehenden Mittel erlaubten, Bilder und Ansichtskarten aus Museen und Kirchen erworben zum Thema: Verkündigung. Sie sind mir eine liebe Erinnerung und immer wieder Einladung zur Meditation. Andrea della Robbia auf dem La Verna: Maria neben den Lilien, die linke Hand auf der Brust, die Rechte die Bibel ergreifend, die Augen gesenkt: Alles Erwartung, Aufmerksamkeit, Horchen.

Andere, wie Simone Martini, bringen die keusche Zurückhaltung der Jungfrau zum Ausdruck. Sie ist erschrokken beim Eintritt des Boten des Unendlichen und lehnt sich zurück, faltet das Buch und rafft ihren Mantel zusammen. Mit einer unvergleichlichen Tiefe hat der selige Fra Angelico die Szene darzustellen versucht: Sparsame Architektur wie in der luftigen Vorhalle eines Klosters, das faltenreiche Gewand des Engels mit den regenbogenfarbenen Flügeln. Auf dem einen Bild kniet Maria, leicht nach vorn gebeugt, das zusammengeschlagene Buch in den vor der Brust gefalteten Händen. Auf dem anderen sitzt sie auf einem groben Schemel, die Hände vor dem Leib gefaltet, als wolle sie das Wirklichkeit gewordene Geheimnis der Menschwerdung Gottes bewahren, wärmen, behüten. Einige Künstler haben die Taube des Geistes Gottes, der das Wunder bewirkt, in die Szene aufgenommen. Fra Angelico hat die kühne Idee gehabt, die Flamme des Geistes auf die Stirn des verkündenden Engels zu malen.

Niemand kann konkret berichten, wie das Ereignis vor sich ging. Wie die Maler und der Evangelist so komponiert auch die Liturgie, wenn sie zu Weihnachten im Stundengebet (26. Dezember, Vesper) das Wort aus dem Weisheitsbuch (18,14f.) zitiert, um anzudeuten, daß dieses Ereignis in der Stille der Nacht geschah: „Als tiefes Schweigen alles umfing und die Nacht in der Mitte ihres Laufes war, da sprang dein allmächtiges Wort vom Himmel, vom königlichen Thron."

Wissen wir etwas über die Stunde der Geburt Jesu? Gewiß spricht Lukas von den Hirten, die Nachtwache bei ihrer Herde hielten (2,8). Aber wollte er damit eine Zeitangabe machen? Doch vielleicht ist gerade die Nacht mit ihren kosmischen Wundern der rechte Rahmen für die Schilderung der Geburt des Herrn, und damit trifft der Vers des Buches der Weisheit zu: Tiefes Schweigen um Mitternacht herrschte auf der Erde, als das allmächtige Wort Gottes vom königlichen Thron des Himmels sprang. Aber daß die Menschwerdung des ewigen Wortes nicht gut zu einer falschen Nachtromantik paßt, zeigt der Hintergrund des Verses aus dem Weisheitsbuch, der eigentlich die bestürzende Konkretheit jener Nacht in Ägypten meint, in der das Wort „als harter Krieger mitten in das dem Verderben geweihte Land“ sprang. „Es trug das scharfe Schwert deines unerbittlichen Befehls, trat hin und erfüllte alles mit Tod“ (18,16).

Der Vers bezieht sich auf Mose, der vom Herrn die Weisung erfährt: „Um Mitternacht will ich mitten durch Ägypten gehen“: Jeder Erstgeborene wird sterben, Wehgeschrei wird sich erheben, während die Kinder Israels unversehrt bleiben und durch den machtvollen Arm Gottes in die Freiheit geführt werden (Ex 11,12).

Das Schweigen des Geheimnisses und die Gewalt der Befreiung durch den Arm des Herrn liegen nahe beisammen. Hier wird der Bogen geschlagen von der Nacht in Ägypten, die die Freiheit heraufführte, hin zur Nacht in Nazaret und Betlehem, die die Vollendung der Freiheit brachten und den Tag der Erlösung. Die Mitte der Nacht ist der Anfang des Tages: „Heute ist euch der Retter geboren“ (Lk 2,11).

Die Heilige Nacht

Recht hat von daher die Liturgie, wenn sie die Feier der Geburt des göttlichen Kindes in den Augenblick verlegt, wo die Tage am kürzesten und die Nächte am längsten sind, wo das Licht zu sterben droht. Es ist gerade der richtige Augenblick, einem jeden Menschen im einzelnen und der Menschheit im ganzen zu sagen, woraus sie wirklich existieren kann, abseits der Kälte, jenseits der Einsamkeit, inmitten der Armut des Daseins, inmitten der Fülle der Gnade. Das Licht kann nicht sterben, solange wir selber Sehnsucht tragen nach der Liebe, und selbst das Leid ist immer noch wie eine Erinnerung an diese Wahrheit unseres Herzens. Seit dieser längsten Nacht ist dieses heilige Geheimnis im Wachsen begriffen, quer durch die Geschichte, und es vermehrt sich mit dem Leben eines jeden, der ein Stück Wärme um sich herum verbreitet, ein bißchen mehr die Augen hell, das Herz weit und die Seele singend macht. Genau besehen, lehrt uns das Geheimnis dieses Abends, fortan in jedem Menschen ein Wesensabbild Gottes zu erkennen und einander zu begegnen mit der gleichen Ehrfurcht, mit der in der Ostkirche am Eingang zum Heiligtum die Gläubigen eine Ikone, ein heiliges Bild, küssen und berühren, wie um allen Staub von ihm zu nehmen und die Reinheit seines Goldglanzhintergrundes gegen allen Ruß und Schmutz mit der Zärtlichkeit der Hände und des Mundes hell und sichtbar zu erhalten. Jeder Mensch, ob hoch oder niedrig, ob reich oder arm, ob vom Schicksal begünstigt oder in die Ecke verstoßen, ist in sich selbst in seinem Wesen und in seinem Werdegang, in der Schönheit seiner Person ein solches heiliges „Bild der Gottheit". Schaut man in seine Augen, sieht man in die Augen Gottes; hört man ihn reden, spürt man im Atem seiner Worte etwas vom Atemwinde Gottes, der weht, wo er will, überall auf der Welt; und nur ein einziger Auftrag oder, besser, eine neu geschenkte Fähigkeit geht aus diesem Geheimnis hervor: Es sollte und darf in alle Zukunft kein Kind mehr geben, das auf diese Welt kommt, ohne daß es Menschen findet, die ihm den Weg zum Himmel zeigen, indem sie es daran erinnern, selber Gottes Kind zu sein.

Eugen Drewermann

II.
Der Himmel ist in dir
Gott erfahren

1. Gott in mir

Wo ist Gott? In Psalm 63 beten wir: „Gott, du mein Gott, dich suche ich.“ Wohin muß ich wandern? In die Höhe des Himmels mit den „Flügeln des Morgenrots“ (Ps 139) oder in die Tiefe der Erde? Der Dichter Angelus Silesius sagt:

„Halt an, wo läufst du hin? Der Himmel ist in dir!
Suchst du Gott anderswo, du fehlst ihn für und für.“

Alles an mir und in mir ist auf Gott ausgerichtet: Die Seele, die tiefste Tiefe in mir dürstet nach Gott, und der Leib schmachtet wie die Erde nach dem Regen. Der Himmel ist in mir: Ich lese in meiner Lebenszeitung die Geschichte Gottes mit mir, ich träume in meinen Träumen vom Licht, das Gott ist, und in meinen Wünschen erfahre ich die Unersättlichkeit meiner Begierde nach dem je Größeren. Und in der Zustimmung zu den unzähligen Fakten meines Lebens stimme ich dem Willen Gottes zu.

Ja, Gott ist in mir, er ist mir näher als ich mir selbst bin, sagt Augustinus. Erstaunt erkenne ich im Bild meines Lebens seine Züge: Ich erkenne mich in ihm. Je länger ich hinsehe, desto deutlicher, wie wenn ich den Diaprojektor deutlicher stelle, und die Umrisse des Bildes sich verschärfen: Mein Gott ist in mir. Ich bin dabei, ihn zu finden.

Ich muß meine Seele ruhig und still werden lassen wie einen Bergsee. Kein Sturm, keine Welle, keine Aufregung. Jetzt kann ich das Licht der Sonne in der ruhigen Wasseroberfläche spiegeln sehen. Gott spiegelt sich in mir. Das Bild des Psalmes 131 gehört zu den schönsten der ganzen

Bibel: „Wie ein kleines Kind bei der Mutter ist meine Seele still in mir", wenn ich ganz ruhig geworden bin, zufrieden, wie von der Mutter gestillt mit ihrer Milch, ruhig geworden an der Brust – dann ist meine Seele still in mir und ich darf vom Himmel träumen, der in mir ist.

Der Franziskanermystiker Francisco de Osuna schreibt: „Denke nicht, man müßte sich in Logik und Metaphysik auskennen, um sich dem kontemplativen Gebet zu widmen. Die mystische Theologie findet man in der Schule des Herzens. Im Unterschied zur Schultheologie kann sie daher von jedem Gläubigen erlangt werden ... Je größer die Liebe ist, um so weniger Worte bedarf sie, und diese wenigen Worte werden verstehender und wesentlicher sein. Wenn die Liebe echt ist, bedarf sie keiner großen Reden, wirkt aber schweigend große Dinge." [10]

2. Von der Betrachtung zur Kontemplation

In den sechziger Jahren erfolgte ein Namenswechsel, der typisch war für eine spirituelle Neubesinnung: der Wechsel der Worte von „Betrachtung" zu „Meditation". Betrachten ist ein diskursives fortschreitendes „Nachdenken" über einen Text, ein Ereignis, einen Gegenstand. Meditation hingegen ist nicht Sache des Verstandes, sondern des Herzens. „Das Herz, das Sitz der Liebe ist ... Das Herz, das Leben, vollgelebtes Leben ermöglicht, ohne den festen Grund zu verlieren ... Ein Medium, ein Milieu, Treffpunkt Kommunion, Umarmung von Leib und Seele" *(W. Johnston).*

Diese Art des geistlichen Übens ist heute im Vergleich zu früher viel umfassender und allgemeiner. Viele Menschen auch außerhalb der Klöster lassen sich von ihr führen. Meditation ist nicht Angelegenheit einer elitären Gruppe, sondern schon fast allgemein geworden.

Seit wenigen Jahren wird ein anderer alter Begriff geistlichen Übens neu verwendet: Kontemplation. Sie ist nicht

Sache des unruhigen Denkens, sondern vollendet sich im Ruhenlassen des inneren Blickes auf Gott. Kontemplation ist inneres Schauen. Es wird dabei nur wenig gesprochen, meist überhaupt nicht, und doch ist sie „schwanger“ vom Wort des lebendigen Gottes, des ewigen Wortes, Jesus Christus. Was vorherrscht ist das Schweigen, und in der Stille wächst die Wandlung, die zur Begegnung mit dem einen und unendlich Einfachen führt.

Francisco de Osuna hat nicht die Kontemplation entdeckt, wohl aber hat er eine kontemplative Versenkungspraxis gelehrt, die das erste umfassende mystische Werk von literarischem Rang in spanischer Sprache wurde. Man könnte es Gebet der schweigenden Liebe nennen. An die Stelle diskursiven Denkens und bildlichen Vorstellens tritt die Liebe, deren Ziel „der dem Herzen einwohnende Christus, der innere Christus“ ist.

So kann die mystische Einigung sich vollziehen: „Die Liebe ist so mächtig, daß sie den Menschen hinter sich herzieht ... Gott sagt: Wo meine Liebe ist, da bin auch ich. Weil nun Gott ganz und gar unteilbar ist, hat, wer ihn liebt, auch den Vater und den Heiligen Geist bei sich. Er besitzt dann allen Reichtum Gottes, denn es gibt kein Gut, das nicht im Herzen wäre ... Darum finden wir das ganze Paradies, wo die Liebe Gottes ist; ja, das Paradies ist wahrhaftig die Liebe Gottes ... Sie gleicht einem tragbaren Paradies, das wir immer bei uns haben.“

Mein Gott

Du willst nicht, daß ich darüber nachdenke, wer ich sei, sondern wer Du seist. Oder besser, Du willst gar nicht, daß ich viel nachdenke: denn Du möchtest mich über die Ebene des Denkens erheben. Und wie kann dies geschehen, wenn ich stets versuche, mir vorzustellen, wer und wo und warum ich sei?

Ich mache keine große Angelegenheit daraus. Ich sage nicht: „Du hast alles von mir gefordert, und ich habe allem entsagt." Denn ich wünsche mir nichts mehr, was einen Abstand zwischen Dir und mir setzt. Und wenn ich zurücktrete und mich selbst und Dich betrachte, als wäre etwas zwischen uns geschehen von mir zu Dir, dann erblicke ich unvermeidlich die Kluft zwischen uns und erinnere mich des Abstandes zwischen uns.

Mein Gott, diese Kluft und dieser Abstand töten mich. Dies ist der einzige Grund, warum es mich nach Einsamkeit verlangt – daß ich für alle geschaffenen Dinge verloren sei, ihnen und ihrer Erkenntnis absterbe, weil sie mich an den Abstand von Dir erinnern. Sie sagen mir etwas von Dir: daß Du ihnen fern bist, obgleich Du in ihnen bist. Du hast sie geschaffen, und Deine Gegenwart erhält ihr Dasein, und sie verbergen Dich vor mir. Und ich möchte allein und fern von ihnen leben. O beata solitudo!

Thomas Merton

3. Mein Gott und mein alles

Von Franziskus von Assisi wird berichtet, daß er als Lieblingsgebet diesen kurzen Gebetsruf hatte: „Mein Gott und mein alles." Es reicht kaum aus, dieses Wort theologisch reflektieren zu wollen. Eher wird es gut sein, sich in die mystische Erfahrungswelt von Franziskus einzufühlen. Er war kein Theologe, obwohl er recht gebildet war, kein Priester, kein Organisator, kein Mann, der in Nützlichkeitskategorien dachte. Oft eckte er an, weil er das offen heraussprach, was er innerlich empfand. Manchmal vermißt man in seinen Ausführungen die logischen Zusammenhänge. Auch in seinen Gebeten haben wir den Eindruck, daß hier einer formuliert wie ein Kind, das sprudelnd ausspricht, was ihm gerade einfällt. Deutlich sieht man dies an dem Lobpreis von Alverna, von dem bereits die Rede war. Ohne logische Zusammenhänge und theologische Reflektionen sagt jener

Heilige spontan heraus, was ihm nach der großen Gebetserfahrung auf dem Berge einfällt. Das sind fast alles Substantive, die er wie immer neue Liebeserklärungen zu Gott hin spricht: Zuwendung, Liebe, Weisheit, Demut, Geduld, Schönheit, Milde, Sicherheit, Ruhe, Lust, Hoffnung, Freude, Gerechtigkeit, Maß, Reichtum, Stärke, Zuflucht, Glaube, Liebe, Süßigkeit, ewiges Leben. Und zu jedem Wort „Du!“. Hier spürt man, wie Gott für Franziskus alles ist. Dieses Wort „alles“ kommt öfter als Verstärkung in den Text des Gebetes hinein: Gott aller Götter, alles Gut, höchstes Gut, all unser Reichtum, ganze Süßigkeit[11].

Was heißt das, wenn ich sage: Gott ist mein alles. Ich glaube kaum, daß Franziskus den theologischen Satz von Anselm von Canterbury, der hundert Jahre vor ihm lebte, kannte: „Gott ist das, was man sich größer nicht vorstellen (denken) kann (quo maius cogitari nequit).“ Das Denken und Argumentieren spielt bei Franziskus kaum eine Rolle. Aber in seinem Herzen spürt er, daß Gott von nichts und von niemandem überboten werden kann. Wie oft fangen seine Gebete mit Superlativen an, vor allem mit dem Ruf: „Höchster.“ Von der Allgegenwart dieses Gottes, der alles füllt und erfüllt, läßt Franziskus sich ausfüllen. Wenn er ihn hat, hat er alles. Nichts liebt er mehr als ihn.

Doch man könnte den Gedanken weiterverfolgen, wie Franziskus sich diesen höchsten Gott vorstellt. Entscheidend ist für ihn, was ihm die Sprache des Herzens eingibt: Er denkt daran, wie der höchste Gott ganz klein wird als Mensch. Könnte man das Gottesbild von Franziskus nicht auch so umschreiben, daß man bei ihm den Satz des heiligen Anselm umkehrt: Gott ist das, was man sich kleiner nicht vorstellen kann. Seine Frömmigkeit gipfelt in der konkreten Vorstellung des großen Gottes, der ganz klein geworden ist als Kind in der Krippe, als Hingerichteter am Kreuz und als Speise in der Gestalt des eucharistischen Brotes: Krippe, Kreuz, Altar.

So gewinnt das Gebet „Mein Gott und mein alles“ mystische Kraft. Die „Fülle Gottes“ (Eph 3, 19) zeigt sich in seiner

Entäußerung (Phil 2,7), die Größe in seiner Kleinheit, der Reichtum in seiner Demut. Doch, wie im Philipperbrief Kapitel 2 besungen, bringt der Abstieg Gottes in die Erniedrigung des Kreuzesgehorsams Christi die Wende mit dem kleinen Wort „darum“: Darum ist Jesus Christus der Herr, alles im Himmel und auf Erden beugt sich vor ihm. Das Lieblingsgebet von Franziskus gewinnt so eine kosmische Dimension, die ihre konkrete Gestalt im Lied der Kreaturen gewinnt: Wenn ich Gott habe, habe ich alles; alles ist mir in ihm geschenkt: Himmel und Erde, Licht und Leben, selbst der Tod wird zu einem Ereignis, das ich in der unendlichen Perspektive von Ostern als Grund zum Danken und Loben erkenne: „Selig, die sterben in deinem heiligsten Willen.“

Die Fülle Gottes

Seht eure Würde
(Brüder Priester)
Seid heilig
Denn Er ist heilig

Wie der Herr Gott euch
Wegen eures Dienstes
Über alles geehrt hat
So sollt ihr Ihn
Über alles lieben
Anbeten und ehren

Welch großes Unglück
Und elende Schwäche
Wenn ihr euch in Seiner Gegenwart
Um etwas anderes in der Welt sorgt

Der ganze Mensch zittere
Die ganze Welt wanke
Der Himmel jauchze
Wenn auf dem Altar

In den Händen des Priesters
Christus erscheint
Der Sohn des lebendigen Gottes

O bewunderungswürdige Größe
O bestaunenswerte Gunst
O beschwingte Demut
O demütige Beschwingtheit

Der Herr des Alls
Gott und Gottes Sohn
Demütigt sich
Für unser Heil
Verbirgt Er sich
In der winzigen Gestalt des Brotes

Seht die Demut Gottes
Schüttet vor Ihm euer Herz aus
Demütigt auch ihr euch
Damit ihr von Ihm erhöht werdet
Nichts von euch
Behaltet zurück
Damit euch ganz aufnehme
Der sich euch ganz ausgeliefert

Franziskus von Assisi

4. Das immerwährende Gebet

Ist es nicht eine Provokation, wenn der Apostel im ersten Thessalonicherbrief (5,17) die Gläubigen auffordert: „Betet ohne Unterlaß." Das ist unmöglich, so sagen viele. Unmöglich in dem Sinn, daß ich immer und überall mündliche Gebete spreche. Durchaus möglich jedoch, wenn ich daran denke, daß ich überall, wo ich bin, gehe oder stehe, mich öffne für Gott und mein jeweiliges Tun oder Ruhen in die Öffnung mit hineinnehme. Selbst beim Arbeiten ist Beten möglich im Sinne des Offenseins für Gott und der Freundschaft mit ihm, so daß sogar den belastenden Erfahrungen des Alltags die letzte Härte genommen wird und ich mich in Gott freuen darf. „Der Herr ist auch zwischen den Kochtöpfen zugegen“, sagt Teresa von Ávila. Sie ist der Meinung, daß wir „zugleich Martha und Maria des Evangeliums sein müssen“ (Lk 10,38–42).

Das immerwährende Gebet hat in der Geschichte der Frömmigkeit durch alle Jahrhunderte, schon bei den Vätern des Ostens und Westens, eine Rolle gespielt. Francisco de Osuna weist darauf hin, daß das Gebet selbst im Schlaf weiterlebt: „Es ist sicher und von vielen bezeugt, daß, je tiefer sie vor dem Einschlafen beteten, sie um so schneller beim Erwachen ins Gebet zurückkehren. Und es kann auch etwas geschehen, das kaum glaublich erscheint: daß nämlich die Seele sich schon wieder im Gebet befindet, ehe sie erwacht... Die Seele befindet sich dabei so in sich selbst wie das lebendige Wasser unter dem Eis, wie das Küken im Ei.“

Viele Christen versuchen, sich in kurzen, häufigen Anrufen in Gott zu sammeln. Diese Gebetsrufe („Stoßgebete“) sind einfache und wirksame Mittel zum immerwährenden Gebet. Bei Franziskus führten diese Gebete, z. B. das vorher schon erwähnte „mein Gott und mein alles“ oder auch einfach der Name Jesus dazu, daß sein Lebensbeschreiber ihn „nicht so sehr Beter als vielmehr Gebet“ nannte. Der ganze Mensch betet. Alles an ihm ist Gebet.

Schließlich ist der Beter nicht mehr auf Worte angewiesen. Er ist in Anbetung still geworden und hingegeben dem klaren Schauen des einfachen und unendlichen Gottes. Mahatma Gandhi sagt: „ein gläubiger Mensch trinkt mit jedem Atemzug den Namen Gottes ... Es ist eine Sonne, die in meine finsteren Stunden hineinstrahlt. Vergleichbares mag der Christ bei der Wiederholung des Namens Jesu erfahren.“

Dann stelle dir genauso das Herz vor, richte deine Augen dorthin, als blicktest du es durch die Brust durch an, und stelle es dir so lebhaft als möglich vor; horche aber möglichst aufmerksam mit den Ohren, wie es sich regt und Mal für Mal schlägt. Wenn du dich da hereingefunden hast, so beginne mit jedem Schlage des Herzens, in dieses hineinblickend, die Gebetsworte dem anzupassen. Beim ersten Schlage sage oder denke: Herr, beim zweiten: Jesus, beim dritten: Christus, beim vierten: erbarme dich, beim fünften: meiner, und wiederhole dies sooft als möglich; es wird dir dies leichtfallen, denn du hast ja schon den Anfang gemacht und dich auf das Herzensgebet vorbereitet. Wenn du dich aber daran gewöhnt hast, so beginne das ganze Jesusgebet zugleich mit dem Atem ins Herz hinein und wieder heraus zu führen, wie es die Väter lehren, das heißt, sage, wenn du die Luft einatmest, oder denke dir: Herr Jesus Christus, läßt du sie aber entweichen – erbarme dich meiner. Tue dieses sooft als möglich, so wirst du bald einen feinen angenehmen Schmerz im Herzen spüren, alsdann wird sich eine Wärme darin ausbreiten. So wirst du mit Gottes Hilfe die Selbsttätigkeit des beseligenden inneren Herzensgebetes erlangen. Bemühe dich aber hierbei nach Kräften, alles, was dir der Verstand zuflüstert oder was dir sonst erscheinen mag, zurückzuweisen. Nimm überhaupt gar keine Einbildungen in dich auf; denn die heiligen Väter haben es angesagt, man müsse beim inneren Gebet nichts sehen, um nicht in Versuchung zu fallen.

Der russische Pilger

5. *Der Alltag fängt an zu sprechen*

Kann man heute noch Gott als einen persönlichen Gott erfahren? Unsere Beziehung zu ihm ist ein Spannungsverhältnis. Auf der einen Seite spricht der Mensch mit Jesaja: „Du bist ein Gott, der sich verbirgt" (45,15). Auf der anderen Seite spricht er: „Deine Hand gibt sich zu erkennen" (66,14). Einmal erfährt man Gott als eine dunkle, aufragende Wand, von der kein Echo zurückkommt, ein anderes Mal verwandelt sich diese Wand zum Antlitz, zu lebendiger Nähe.

Es ist die Erfahrung des Hell–Dunkels, des Tages und der Nacht in Gott. Wir sollten uns dieser Spannung stellen, z. B. am Abend eines Tages, und mit Gott über seine Spuren in unserem Leben sprechen. Das könnte zu einer Lebensmeditation werden, die den Erlebnisstrom des Alltags begleitet und im Gebet artikuliert.

Ich frage mich: welches Ereignis des heute erlebten Tages halte ich für so wichtig, daß ich es aufschreiben würde? Zum Beispiel eine Begegnung, ein Gespräch, ein Versagen, etwas Gelesenes, etwas Gehörtes, etwas Gesehenes, ein Schmerz, eine Freude, eine Entscheidung, eine Last, eine Lästigkeit, ein Plan, eine berufliche Erfahrung.

Was ist in diesem Ereignis auf mich zugekommen? Anspruch, Aufruf, Aufforderung, Zwiesprache, Verheißung, Zusage? Geht mich das an? Stellt es mich in Frage?

Wie stehe ich dazu? Wie habe ich es angenommen, beantwortet? Was bleibt mir noch zu tun?

Ich versuche, diesen Tag betend vor Gott zu bringen: Danksagung, Freude, Zuversicht, Vertrauen, Fürbitte, Reue, Bekehrung, bewußte neue Verantwortung, Schmerz, Verbundenheit, Entscheidung, Wachsamkeit, Betroffenheit, Lobpreisung, Sich-zur-Verfügung-Stellen.

In diesen Lebensereignissen entziffere ich die Schriftzüge Gottes und erkenne den Raum, in dem ich in Freiheit und Partnerschaft mich in Gottes Wege und Werke einlasse. Wem es schwerfällt, die Lebensereignisse vor Gott zu überdenken, versuche einfach zu erzählen. Vielleicht hilft eine Vorstellung, die Anthony de Mello empfiehlt: „Der leere Stuhl": „Stelle dir vor, Jesus sitzt neben dir ... Sprich mit ihm, wenn du allein bist, mit leiser Stimme, und erzähle, was du heute erlebt hast, und hör zu, was Jesus dir antwortet."[12]

Solche Lebensgebete öffnen mir den Blick für die Ereignisse des Tages, helfen zur Wachsamkeit und zeigen mir die Bedeutung dessen, was die Heilige Schrift „die Stunde", den rechten Augenblick (Kairos), den „Ernstfall" nennt. Gebet und Leben durchdringen sich. Franz von Sales sagt: „Alle Dinge sind um des Gebetes willen erschaffen."

Diese Gebetsform entspricht der biblischen Frömmigkeit, die weiß, daß Gott mit uns auf dem Weg sein will, wie er im brennenden Dornbusch sagte: „Ich bin für euch da" (Ex 3,14).

Himmel

Einem Schüler, den der Gedanke vom Leben nach dem Tode nicht losließ, sagte der Meister: „Warum auch nur einen Augenblick mit dem Gedanken an das Danach verschwenden?"

„Aber ist es denn möglich, das nicht zu tun?"

„Ja"

„Wie?"

„Indem man hier und jetzt im Himmel lebt."

„Und wo ist dieser Himmel?"

„Im Hier und Jetzt."

Anthony de Mello

6. Mit Leib und Seele

Jahrhundertelang sah man Beten als den Akt an, der um so reiner wird, je mehr er sich vom Leiblichen gelöst hat. Platonische Vorstellungen mögen diese Akzentverschiebung bewirkt und ganze Epochen verkrampfter Gebetshaltung verschuldet haben. Der Leib wurde in der Tradition des späten Mittelalters und in der Neuzeit im Zuge der Aufklärung immer mehr aus der Zuständigkeit für das Beten ausgeklammert. Es gab gewiß Kniebeugen und Händefalten, aber oft wurde dies alles im liturgischen Vollzug stilisiert, manchmal schematisiert.

Eine vielgesehene Fernsehserie über das Wirken und Leben eines Pfarrers in der Gemeinde trägt den Titel: „Mit Leib und Seele“. So könnte man wohl auch echtes Beten umschreiben. Wie menschlich echt kann es werden, wenn es Ausdruck des ganzen Menschen mit Leib und Seele ist. Von Franziskus heißt es, daß er im Gebet „mit allen seinen Gliedern auf Gott ausgerichtet sein konnte“ (2 Cel 94).

Beim leibhaftigen Beten wird das Äußere nach innen gekehrt, äußere leibliche Vorgänge dienen als erste Phase der Verinnerlichung des Gebetesprozesses. Verinnerlichen heißt ja nicht unbedingt Vergeistigen. Man kann sich gut denken, daß das fingierte Geigenspiel, bei dem Franziskus mit einem Zweig über den anderen Arm strich, seiner Gottesfreude eine hohe verinnerlichte Kraft gab, obwohl dieses Spiel äußere Gestalt hatte.

Allerdings hat das leibhaftige Beten zur Voraussetzung, daß ich lerne, Signale meines Leibes zu erfahren, z.B. Atem, Puls, Herz, meine Stimme, die Stimme der Mitmenschen, der Musik, der Medien, der Natur. Wir sollten unsere Sinne schärfen durch Übungen im Sehen, Hören, Tasten, Beobachten. Dann wird es uns leichter fallen, auf den Gott, der durch die Sinne zu uns kommt, auch sinnenhaft im Gebet zu antworten. Begegnung mit Gott setzt Besinnung voraus.

Schauen und Hören sind die Haupterfahrungsquellen des Gebetes: Schauen der Natur mit Licht und Farben und Formen, die uns bewegen, die Dinge der Schöpfung als Bruder und Schwester anzureden und ihnen auf der Basis einer neuerfahrenen universalen Kommunikation unsere

Stimme zu leihen, wenn wir sie – etwa wie Franziskus im Sonnengesang – zum Lobe Gottes einladen.

Sehen wir zum Schauen: Schauen mit dem Herzen. Mit dem Herzen sieht man mehr als nur mit den Augen. Das volle Sehen mit gesunden Augen (vgl. Lk 11,34) ist einfältig, kommt aus der Erkenntnis der Wahrheit und aus der reinen Absicht und wird getragen von der Liebe. Und wo Liebe ist, da „öffnet sich ein neues Auge", sagt Hugo von St.-Victor.

Ebenso kann echtes Hören zum Lauschen werden. Existentielles Hören ist ein Hören mit dem Herzen, es kommt aus dem tiefen Grund und weckt kreative personale Kräfte. Die Schöpfung hat ihre Stimmen, und das Gebet erschließt sie erst recht, wenn ich das Gehörte, z.B. die Urlaute der Schöpfung, Singen der Vögel und die gewaltige Stimme der Natur beim Gewitter, transparent werden lasse für die Stimme dessen, der alles geschaffen hat.

Und dann sind da unsere Hände und andere Glieder am Körper und der ganze Leib. Warum versuchen wir so wenig, mit ihnen zu beten? Unsere Generation hat neuerdings spontanes Beten wiederentdeckt. In der charismatischen Gemeindeerneuerung wird es geübt und findet viele Freunde. Hier klingen Herz, Leib und Geist zusammen. Man sollte einmal für sich versuchen, beim Beten nicht nur innerlich mit Gott zu sprechen, sondern dabei auch die Hände auszubreiten und zu erheben. Der Beter wird eine ganz neue Dimension erfahren: Das Beten wird gefüllter, lebendiger, wirklicher. Wir haben dieses Gebet besonders in Zeiten nötig, wenn wir meinen, nicht glauben und beten zu können, wenn unser Geist dumpf und zerstreut ist und unser Herz kalt und wie zusammengeschnürt erscheint: Falte die Hände vor der Brust, beuge dich vor ihm, dem Herrn; strecke dabei die Hände aus, öffne sie nach oben und erhebe sie, oder: hebe dein Gesicht langsam nach oben, laß die Augen dabei geschlossen und versuche die Kommunikation mit Gott zu erfahren: Herr, hier bin ich, du siehst mich, ich hebe mich zu dir.

Wir stehen im Kreis. Es ist Morgen, und wir möchten uns hinwenden zu dem lebendigen Gott, dem „aufstrahlenden Licht aus der Höhe“ (Lk 1, 78). Langsam erheben wir die Hände und mit den Händen die Augen und schauen nach oben. Ihm, dem Großen und Lebendigen und Einen, dem Treuen und Guten, dem Starken und Mächtigen, gilt unser Gruß: Dich loben wir, dich preisen wir, dich verherrlichen wir, dich beten wir an.

Wir heben die Hände noch höher und öffnen sie nach oben wie Schalen. Wir möchten uns von Gott beschenken lassen. In dieser Haltung verweilen wir.

Doch wir wissen, wie begrenzt, sündig und schwach wir sind. Wir lassen die Hände sinken und neigen den Kopf und knien langsam nieder, verbeugen uns tief, so daß der Kopf den Boden berührt, legen die Hände flach neben den Kopf auf die Erde und bedenken, daß wir sündige Menschen sind. Wir sind nicht würdig und wert und bitten um Vergebung für unsere Schuld. So verweilend, lassen wir diese Gebärde der Demut in uns hineinwachsen.

Doch der Herr spricht zu uns trotz unserer Schuld und ruft uns jeden Tag neu. Er braucht uns, weil er uns liebt. Wir stehen auf und wenden uns zu unseren Nachbarn und reichen ihnen fest die Hand. In dem, der uns alle beruft, sind wir miteinander verbunden, haben Kontakt mit allen in der Runde und mit allen Menschen, für die wir heute da sind.

So soll dieses Gebet eine Motivation sein, mit Freude, Ausdauer und Mut an die Arbeit zu gehen, in unserem Beruf die Welt mitgestalten zu helfen und Liebe zu schenken, um dessentwillen, der uns liebt. Wir spüren rechts und links die Wärme und den Druck der Hand und wissen, daß wir nicht allein sind. Wir wissen: „Wo zwei oder drei in meinem Namen versammelt sind, da bin ich mitten unter ihnen“ (Mt 18, 20).

Unser Leib wird in einen weiteren ungemein dynamischen Vorgang einbezogen: in den Atem. Er ist so ursprünglich und lebenwirkend, daß im 2. Vers der Bibel gesagt wird, daß „der Geist Gottes über dem Wasser schwebte" (Gen 1,2). Und der Geist wird mit Atem ausgedrückt. In der christlichen Tradition heißt der Geist Gottes, der Heilige Geist, wörtlich übersetzt: Hauch oder Atem. Er lebt in uns und hält uns am Leben, so daß Augustinus ein Gebet beginnen kann mit dem Wort: Atme in mir, du Heiliger Geist.

Wie konkret sind die Vorstellungen in den alten geistlichen Liedern von der schöpferischen Kraft des Atems Gottes: Hauch uns Gottes Odem ein; aus dir strömt Leben, Licht und Glut (Pfingsten, 1. Vesper), du schenkst Ruh und hauchst Kühlung zu; dein lebendiges Wehen; du gießt Leben ein. In der Meditationspraxis spielt der Atem die Hauptrolle: das langsame Ein- und Ausatmen, in dem wir die Tiefe unserer leiblich-seelischen Existenz spüren können. Symbol für das Wirken Gottes in uns. Wir brauchen nichts dazuzutun, nur den Atem kommen und gehen lassen. Er kommt von selbst, er erhält uns jede Sekunde neu am Leben. Besonders kostbar ist die Erfahrung am Ende des Ausatmens: Ich habe mich losgelassen, indem ich den Atem langsam ausströmen ließ, und am Ende lasse ich ihn ausklingen, ohne bewußt einzugreifen. Der Atem kommt von selbst, schafft neu und belebt mich. Dies ist der Lebensrhythmus: ich lasse mich los, lasse mich nieder im tiefsten Grund und werde neu durch den Lebensatem des Unendlichen, der immer wieder in mir wirkt.

Dag Hammarskjöld, ein Mystiker unserer Zeit, legt seine Erfahrungen mit Gott in seinem Tagebuch im Gebet nieder.

„Gott, du bist lebendig, du bist in mir ... du bist der Grund meines Daseins. Ich lasse mich los ... ich lasse meinen Atem zu einem Gebet der Unterwerfung unter dich werden. Mein Atem, mein Ein- und Ausatmen ist Ausdruck meines ganzen Wesens. Ich tue es für dich – mit dir – in dir. Wir atmen miteinander."[13]

Franziskus von Assisi hat ein vitales Gespür für die Ganzheit des Menschen in seiner leib-seelisch-geistigen Einheit. Lange habe ich mich gefragt, warum er, wie Thomas von Celano berichtet, kurz vor seinem Tod den umstehenden Brüdern sagte: „Wenn ich gleich gestorben bin, dann laßt mich so lange liegen, wie einer braucht, um ganz langsam eine Meile zu Fuß zu gehen." Ich finde diesen Satz von mystischer Aussagekraft. Vielleicht steckt diese Vorstellung dahinter: Mein letzter Atemzug soll ganz langsam am Ufer dieser Lebenszeit ausklingen, bis ich dann den nächsten Atemzug am anderen Ufer in der Ewigkeit tun darf, die keinen Abend mehr kennt.

Beten ist wie Atmen

Werde dir eine Zeitlang deines Atems bewußt ...

Denke dann über die Gegenwart Gottes in deiner Umgebung nach ... Denke an seine Gegenwart in der Luft, die du einatmest ... Sei dir seiner Gegenwart in der Luft, die du ein- und ausatmest, bewußt ... Was empfindest du, wenn du dir seiner Gegenwart in der Luft, die du ausatmest, bewußt wirst? ...

Nun teile dich Gott mit. Aber ich möchte, daß du das ohne Worte tust. Oft ist die Mitteilung einer Empfindung durch einen Blick oder eine Geste viel kraftvoller als durch Worte. Teile Gott deine Empfindungen durch deinen Atem, nicht durch Worte mit.

Gib Gott zunächst deine große Sehnsucht zu ihm zu verstehen. Ohne ein Wort zu gebrauchen, nicht einmal in Gedanken, teile ihm durch deine Atemtätigkeit mit: „Mein Gott, ich sehne mich nach dir!" Vielleicht kannst du das ausdrücken, indem du tief atmest, indem du deinen Atem vertiefst ...

Teile nun eine andere Empfindung mit: Vertrauen und Hingabe. Ohne Worte, nur durch die Atemtätigkeit, teile mit:

„Mein Gott, ich gebe mich dir vollkommen hin." Vielleicht kannst du das ausdrücken, indem du scharf ausatmest, indem du wie bei einem tiefen Seufzer ausatmest. Spüre bei jedem Ausatmen, wie du dein ganzes Wesen in Gottes Hände gibst...

Teile nun Gott andere Empfindungen durch deinen Atem mit: Liebe ... Nähe und Vertrauen ... Verehrung ... Dankbarkeit ... Lobpreis.

Wirst du dabei müde, dann kehre zum Anfang dieser Übung zurück, und verweile nur friedvoll in dem Bewußtsein von Gottes Gegenwart in deiner Umgebung und in der Luft, die du ein- und ausatmest ... Wenn du dann Gefahr läufst, dich dabei zerstreut zu fühlen, kehre zum zweiten Übungsteil zurück und teile dich Gott wieder wortlos mit ...

Anthony de Mello

8. „... und klopfe an"

Solche Erfahrungen sind nicht laut, sondern leise. In ihnen spricht die Stimme zarter Stille. Noch eine andere Leiberfahrung, die transparent ist für Unendliches, kann uns geschenkt werden. Ebenfalls am ehesten in der Stille: unser Herzschlag. Zumeist lassen wir unseren Puls nur fühlen, wenn wir unter Störungen des Herzrhythmus leiden. Ärzte und Krankenschwestern haben fürs Pulsfühlen einen geübten Griff. Uns fällt es vielleicht schwer, die rechte Stelle zu finden. Aber es tut gut, sich ab und zu diese Mühe zu machen. Wer klopft da? Langsamer oder schneller, in einem stetigen Rhythmus oder unregelmäßig, heftig oder sanft, stark oder ganz schwach. Vom ersten Herzschlag im Mutterschoß bis zum letzten Schlag im Sterben, immer ist dieses Organ in Aktion, es transportiert frisches Blut in all die vielen Adern des ganzen Körpers wie eine Pumpstation aus Fleisch und Blut, pausenlos, unermüdlich und konstant.

Wer klopft da? Seit ich älter geworden bin und den Herzschlag etwas kräftiger spüre als früher, führt mich die Erfahrung des Pulsschlages zu einer tiefen Meditation: Der Schöpfer hat seine Kraft in den Leib gelegt und läßt das Herz klopfen. Wenn ich den Puls spüre, spüre ich sein Wirken. Man braucht für diese Meditation Stille, Geduld und Ausdauer. Ich frage mich: Wer klopft da? Darf ich die Worte an den Engel der reichen und wohlhabenden aber lauen Gemeinde Laodizea in der geheimen Offenbarung (3,20) so deuten: Ich stehe vor dir und klopfe ständig bei dir an, wie bei jedem Atemzug, bei jedem Herzschlag. Ich bin da, überhör mich nicht. Wenn du öffnest, trete ich ein, und wir werden Mahl halten, ich mit dir und du mit mir. Wir sollten uns der Meditation dieses unseres Herzschlages aussetzen, und wir werden erfahren: Gott ist in uns, er ist es, der in uns atmet, er ist es, der in unserem Herzen schlägt.

Heute spürt man ahnungsvoll wieder, daß das Geheimnis der Begegnung des Menschen mit Gott sich in der Tiefe abspielt, dort wo das Herz als Begegnungsorgan zum Symbol für die personale Mitte des Menschen wird. Ein bestimmter Zweig der Christusfrömmigkeit suchte im Herzen Jesu die Tiefe seiner Liebe zu sehen. Durch Jahrhunderte war die Herz-Jesu-Verehrung ein Weg, um die Liebe Christi tiefer und menschlicher zu verstehen. Vor allem Mystiker haben auf viel verschiedene Weise eine Herzensmystik entfaltet. Die Kirche ist für sie die Braut, die aus der Seitenwunde des Erlösers hervorgeht. Der Mystiker Heinrich Seuse hat die Herz-Jesu-Mystik so konkret verstanden, daß er mit einem feinen Messer das Zeichen für den Namen Jesu auf seine Brust über dem Herzen einschnitt. Für viele andere ist das Zeichen des Herzens Symbol für ihre Christusverbundenheit, z.B. für Niels Stensen oder für Charles de Foucauld.

Es ist auch in unserer manchmal so herzlosen Zeit gut, sich von der Kraft des eigenen Herzens führen zu lassen zu einer spürbaren Erfahrung des lebendigen und nahen Gottes, „in dem wir leben, uns bewegen und sind“ (Apg 17,28).

Herz

Immer wieder klingt dieses Wort auf
in der Geschichte der Kirche
der christlichen Frömmigkeit
ertönt aus dieser Geschichte bis her zu uns

Es ist uns gegeben
und wir ahnen, daß es „sammelt“
daß es zusammenfaßt
daß es eint

Wir erfahren, daß es uns „eingeht“
in uns eingeht
wir werden dessen inne
was es uns eröffnet
es geht uns auf
in uns
innig
Fromme haben es geflüstert
gebetet
gesungen
ausgerufen
„Herz“
es ist wie eine Beschwörung
wie die umfassende Aussage des Geheimnisses
mit einem Wort
einigend
er-innernd
innernd
innig

Karl Rahner

Keiner gleicht dem anderen. Jeder ist eine Welt für sich, einmalig, unauswechselbar, unersetzlich. Das kommt auch in der Art und Weise zum Ausdruck, wie einer die Nähe Gottes erfährt. Der eine mehr unter Anstrengung des Willens und Verstandes, ein anderer mehr, indem er sich vom Strom des Herzens führen läßt. Jeder muß seinen Weg finden, der manchmal durch Dunkelheit oder wie durch öde, wasserlose Wüste führt, manchmal aber auch wie ein Schreiten ist „im heiteren Licht des herrlichen Glanzes" (frühchristlicher Abendhymnus im Stundenbuch).

Vom dänischen Religionspsychologen Sören Kierkegaard wird folgende Aussage überliefert: „Als mein Gebet immer andächtiger und innerlicher wurde, da hatte ich immer weniger und weniger zu sagen. Zuletzt wurde ich ganz still ... ich wurde ein Hörer. So ist es: Beten heißt nicht, sich selber reden hören, beten heißt, stillwerden und stillsein und warten, bis der Betende Gott hört."

Vielen geht es ähnlich so. Gern bete ich das Stundengebet und auch den Rosenkranz. Doch die wertvollste Zeit wird für mich jene gute Viertelstunde am Morgen und am Abend, wo ich mich schweigend hinsetze, die Hände in den Schoß lege, die Augen schließe und mich gleichsam sinken lasse in die Hand des hier und jetzt gegenwärtigen Gottes. Manchmal höre ich auf meinen Atem oder spüre den Herzschlag, die mir Zeichen des Schöpfers sind, in dem ich und aus dem ich lebe. Wenn Worte gesprochen werden, dann nicht mit den Lippen, sondern mit dem Herzen.

Gott, du bist hier gegenwärtig, du füllst mich und trägst mich, ich bin bei dir und in dir geborgen. In dir lebe und bewege ich mich wie ein Vogel in der Luft, wie ein Fisch im Wasser, wie ein Kind im Schoß der Mutter. Du bist mir näher als ich mir selbst bin. Ich lasse mich tragen, dir vertraue ich. Du bist mein alles, du mein Gott.

III.
Komm!
Begegnungen mit Jesus

1. Um die zehnte Stunde

Manche Stunden haben es in sich. Sie bleiben lange in Erinnerung, und zwar mit ihrem kosmischen Rahmen: Wetter, Temperatur, Tageszeit, Jahreszeit und Ort. Vor allem aber mit der inneren Dynamik. Man könnte eine ganze Litanei von Ereignissen bringen. Augustinus erinnert sich an das für ihn so wichtige Gespräch mit seiner Mutter Monika am Strand von Ostia. Es war Abend. – Wenn Franziskus kurz vor seinem Tod sein Testament schreibt und wie in einem Rückspiegel seines Lebensfahrzeuges sich an den Anfang erinnert, steht der Aussätzige vor ihm: Es war in der Nähe des Leprosenheimes auf der Mitte des Weges von Portiunkula hinauf zur Stadt. Die bisher nicht dagewesene Gebetserfahrung mit den Wundmalen des Gekreuzigten: September 1224 im Felsgeklüft des Berges Laverna. – Bruder Aegidius hatte eine mystische Gottesbegegnung von entscheidender Bedeutung. Er weiß später noch ganz genau: Es war Winter, und zwar um die Jahreswende 1226/27 in der Stille des Berges Pesulano.

Bei Martin Luther war es der dramatische Rahmen eines Gewitters mit Donner und Blitz, der ihm die Stunde der erschreckenden Gottesnähe unvergeßlich machte. – Ignatius von Loyola erinnert sich, wenn er seine Pilgerwege reflektiert, besonders an geistliche Ereignisse, die in einer bestimmten Landschaft geschahen: Die Erscheinung am Fluß Cardoner. Als er am Fluß entlangpilgerte, setzte er sich ans Ufer, und es wurde ihm im Anblick des fließenden Wassers eine Erleuchtung zuteil die zu einem Kernerlebnis wurde, das alle anderen übertraf[14]. – Mit einem ganz bestimmten Datum und mit Uhrzeit gibt Blaise Pascal seine Begegnung mit Gott als dem verzehrenden Feuer an: Um Mitternacht, Montag 23. November 1654. – Der größte Dichter der katholischen Erneuerungsbewegung in Frankreich, Paul Claudel, erlebte 1886 in einem bestimmten Augenblick, an einer ganz bestimmten Säule stehend, beim Magnifikat der Weihnachtsvesper in Notre-Dame in Paris, in überwältigender Erfahrung eine neue Fülle des Glaubens.

1937 verbringt Simone Weil zwei Tage in Assisi. Sie erinnert sich genau an einen Moment des Alleinseins in der Portiunkula-Kapelle: „Als ich allein war, zwang mich etwas, das stärker war als ich selbst, mich zum ersten Mal in meinem Leben auf die Knie zu werfen.“ [15] – Jeder wird seine Erinnerungen an bestimmte Stunden haben, die sich unvergeßlich einprägen, weil sie bedeutsam sind für das ganze Leben. Wohl kaum jemand hat die Erfahrung „Gott existiert“ so plastisch beschrieben wie André Frossard, wenn er schildert, wie er innerlich fast unbeteiligt in eine Anbetungskirche in Paris eintrat und in einem bestimmten Augenblick beim Blick auf eine ganz bestimmte Kerze auf dem Altar die Gewißheit hatte: Gott lebt, ich bin ihm begegnet[16].

Für den Apostel Johannes war es die erste Begegnung mit Jesus: „Es war um die zehnte Stunde“ (Joh 1,39). Noch im hohen Alter erinnert er sich. Er hatte sich mit seinem Freund Andreas dem Täufer angeschlossen. Als dieser aber auf Jesus hinwies als das Lamm Gottes, das die Sünden der Welt hinwegnimmt, und ihn als den Sohn Gottes bezeugte, lösten sie sich von dem Täufer und folgten Jesus. Jesus sah sie, wandte sich um und fragte: „Was wollt ihr?“ Sie müssen überrascht gewesen sein: Was wollen wir eigentlich? Verlegen antworten sie: „Meister, wo wohnst du?“ Er nahm sie mit in seine Wohnung, und sie blieben den ganzen Tag bei ihm. Johannes ist wohl sehr alt geworden, älter als alle anderen Jünger. Aber dies Datum wird er nie vergessen: „Es war um die zehnte Stunde“, nachmittags also, als die

Sonne ihren Höhepunkt schon überschritten hatte und die Schatten länger wurden.

Die erste Begegnung mit Jesus war tief, aber auch sehr menschlich. Johannes und sein Freund Andreas fragten nicht nach dem Programm Jesu, nicht nach seinen Forderungen und Erwartungen, sondern nach seinem Zuhause. Sie gingen mit und sahen, wo er wohnte. Die menschlichen Kontakte gehen weiter, der Funke springt über von Andreas auf seinen Bruder Simon: „Wir haben den Messias gefunden“, und er führte ihn zu Jesus. Dessen Blick trifft ihn. Dieser Blick muß tief in Erinnerung geblieben sein, denn sogleich nennt Jesus seinen Namen, obwohl beide sich noch nicht gesehen hatten. Weiter springt der Funke über auf Philippus und von ihm auf Nathanael. Dieser stößt sich am Heimatort Jesu. Aber die Aufforderung: „Komm und sieh!“ bringt ihn zum Herrn, den er als den erkennen lernt, der die Menschen kennt, ohne sie gesehen zu haben. Nathanael legt ein überraschendes Bekenntnis ab: „Du bist der Sohn Gottes, du bist der König von Israel!“

Es ist gut, sich Situationen in Erinnerung zu bringen, die für uns entscheidend waren: Anfang des Glaubensweges, Stationen auf ihm, Begegnungen mit Menschen, die zu Begegnungen mit Gott führten. Vielleicht sind diese Situationen nicht dramatisch, sondern eingebettet in Alltagserfahrungen. Es mag sein, daß ein Spaziergang durch den Wald, wo nur die Stimme zarter Stille zu hören war, oder der Blick von einer Höhe in die fast unendlich wirkende Gebirgslandschaft oder die Begegnung mit einem Kranken, der sich über den Besuch mit einem „Danke“ freute; es mag sein, daß solche oder ähnliche Lebenserfahrungen sich uns eingeprägt haben, so daß sie zu Glaubenserfahrungen wurden. Können wir uns erinnern wie Johannes? Für ihn war es die zehnte Stunde.

Noch ein anderes sagt uns dieser Bericht. Keiner hat seinen Glauben aus sich selbst. Unser Glaube ist ein verdankter Glaube. Auf uns ist der Funke übergesprungen von einem anderen, selbst wenn dieser Glaube zu einer Berufung führte wie bei diesen fünf Männern, den ersten Jüngern. Es ist heilsam, sich zu erinnern, nicht um historische Lücken zu füllen, sondern um zur Dankbarkeit gestimmt zu werden. Meinen Glauben habe ich nebst Gott meinen Eltern zu verdanken, meine Berufung einem Gefährten oder einem Beichtvater oder einem Buch oder einem Mitschüler oder einer Gruppe oder einem Heiligen, dessen Vorbild mich anzog und mir – wie Andreas zu seinem Bruder – sagte: „Wir haben den Messias gefunden ... und er führte ihn zu Jesus" (Joh 1,41).

Besonders attraktiv wird die erste Begegnung der Jünger mit Jesus dadurch, daß sie nicht auf der hohen Ebene theologischer Reflexionen oder im liturgischen Rahmen oder bei einer Frömmigkeitsübung stattfand, sondern zu Hause, in der Wohnung, im Rahmen einer alltäglichen Begegnung, vielleicht bei einem Glas Wein im Schein der Lampe. Wie menschlich, wie echt, wie herzlich! Keiner glaubt für sich allein. Der Glaube springt über von einem zum anderen. Werden wir uns an die Uhrzeit erinnern?

Berufung

Wir wollen Gottes Stimme klar; und das ist sie nicht. Sie kann nicht klar und leichtverständlich für unsere Sinne sein. Aber sie ist tief. Es ist eine tiefe, feine und unerklärbare Stimme. Sie ist eine tiefe Beklemmung auf dem Grund unseres Seins, dort wo die Seele ihre Wurzel hat. Es ist eine Stimme in der Nacht. Berufung heißt Ruf und eine Stimme in der Nacht.

Eine Stimme ruft und ruft. Man hört etwas und sieht doch nichts. Wir wollen sie klar wie den Tag, und sie ist doch tief wie die Nacht. Sie ist tief und klar, aber von einer dunklen Klarheit wie Röntgenstrahlen. Und sie dringt bis auf die Knochen.

Der Ruf ist eine Unzufriedenheit, eine Entzauberung aller Dinge. Es geschieht nicht mit Worten, sondern mit Taten, mit Umständen, mit Wirklichkeit. Er ist nicht oberflächlich, und darum erscheint er uns unklar, weil wir uns nur auf der Ober-

fläche unserer selbst bewegen, wo man sich mit Worten verständigen kann. Der Ruf aber ist tief, weil Gott auf dem Grund unseres Wesens wohnt. Und seine Stimme ist ein Schweigen.

Der Ruf Gottes – die Berufung – ist zweifach oder vielfach. Gott ruft uns: „Komm und folge mir." Es ist ein Ankommen und Weiterschreiten, ein Finden und Weitersuchen. Der heilige Gregor von Nissa sagt: „Gott finden heißt, Ihn unaufhörlich suchen." Der Ruf Gottes ist ein beharrlicher Ruf, der uns ins Unbekannte, ins Abenteuer, in die Nacht und in die Einsamkeit lockt. Es ist ein unablässiger Ruf, immer weiter und weiter zu gehen. Weil Gott dynamisch ist und nicht statisch (wie auch seine Schöpfung dynamisch ist), heißt zu Ihm gelangen unaufhörlich vorwärtsschreiten. Von Gott berufen sein, heißt zum Forscher berufen sein, ist eine Einladung zum Abenteuer.

Ernesto Cardenal

2. Damit sie bei ihm seien

Die verschiedenen Berufungsgeschichten im Neuen Testament geben keinen historischen Bericht. Manchmal sind sie unklar oder widersprechen sich scheinbar. Doch die einzelnen Texte sind sehr aufschlußreich über die Absichten Jesu: „Er setzte zwölf ein, damit sie bei ihm seien und er sie dann aussende" (Mk 3,14).

Damit sie bei ihm seien. Bei Jesus sein, mit ihm wohnen, essen, beten, sprechen, fröhlich sein und trauern. In dieser Gemeinschaft mit dem Herrn sind die Zwölf zu seinen treuen Anhängern geworden, die Jesus als beständige Begleiter umgaben. Sie erfuhren in der Schule Jesu, was „das Geheimnis des Gottesreiches" bedeutet. Der Herr wird auf sie weisen als auf seine wahren Verwandten (3,34). Sie sind der Kern der späteren Kirche.

In der Stille eines Berges geschieht die Berufung der Zwölf. „Er rief die zu sich, die er erwählt hatte, und sie kamen zu ihm." Erwählung: Was bedeutet das? Auswahl, Aussendung aus einem größeren Jüngerkreis. Warum ich? Werden einige gefragt haben. Ich habe nichts gelernt außer dem Fischerhandwerk. Mit meinen Netzen kann ich umgehen. Aber ausgesondert werden, um das Reich Gottes zu verkünden?

Warum ich? Geht diese Frage nicht durch alle Zeiten bei jenen, die der Herr erwählt hat? Petrus, einer der Erwählten, spürt seine sündige Distanz und bittet Jesus: „Geh weg von mir, ich bin ein sündiger Mensch!" (Lk 5,8). Und doch hat Jesus gerade ihn lieb, den Unschlüssigen, Feigen, aber doch Treuen und Aufrichtigen. Und alle diese zwölf waren Männer aus einfachen Kreisen, aus dem verachteten Landvolk, keiner war ein „Intellektueller". Jesus nimmt uns, wie wir sind. Er möchte uns in seine Schule nehmen und uns immer mehr füllen mit seinem Geist. Dieser Prozeß dauert oft lange und macht Umwege. Er hat seine eigene Didaktik: Nicht so sehr Belehrung als vielmehr Gemeinschaft, nicht so sehr Worte als vielmehr die Sprache der Augen: Er schaute sie an mit dem Blick des Freundes: „Freunde habe ich euch genannt" (Joh 15,15). Jesus korrigiert nur selten, er muntert auf und gibt Perspektiven, die unendlich sind. Er lenkt den Blick des Jüngers von der Kurzsichtigkeit alltäglicher Erfahrungen in die Weite, die befreit zu Zuversicht und die Mut macht.

Wer Apostel sein will, muß zuerst in die Schule Jesu gehen und „bei ihm sein": horchen, Stille ertragen, warten und von Jesus lernen, sich von ihm anschauen lassen, lange und mit Geduld. Es ist nichts anderes, als was Teresa von Ávila als Übung empfiehlt: „Stelle dir vor, Jesus steht vor dir ... er blickt dich an ... spüre seinen Blick ... das ist alles. Mira que te mira: sieh, daß er dich ansieht."

Ein junger Mann in führender Stellung hatte Feuer gefangen. Er „lief" zu Jesus und fragte: „Meister, was muß ich tun, um das ewige Leben zu gewinnen?" (Mt 19,16). Jesus sagte: „Halte die Gebote." Ist das nicht eine Antwort, die sich hören lassen kann, wenn der junge Mann sagt: „Meister, alle Gebote habe ich von Jugend an befolgt" (Mk 10,20). Die kühne Antwort macht ihn dem Herrn liebenswert. Jesus hat ihn gern und antwortet: „Eins fehlt dir noch: Geh, verkauf alles, was du hast, gib das Geld den Armen … dann komm und folge mir nach."

Die Reaktion des Mannes ist Trauer. Er hat ein großes Vermögen. Von ihm soll er sich trennen? Auch nicht der Hinweis auf den „bleibenden Schatz im Himmel" überzeugt ihn, der so kühn alle Gebote im Verhältnis zu Gott und den Mitmenschen gehalten hat. Großer Besitz übt starke Macht auf den Menschen aus. Er kann faszinieren, blenden und fesseln. Er kann unfrei machen.

Was ist aus dem jungen Mann geworden? Wir hören, daß er betrübt und traurig wegging. Was hören wir von seinem weiteren Weg? Es wäre vorschnell geurteilt, wollte man annehmen, er sei verworfen. Im Gegenteil: Wen Jesus liebgewinnt, den kann er auch retten. Vielleicht ist doch noch ein Jünger Jesu aus ihm geworden. Denn der Herr sieht seine Jünger an und weist darauf hin, daß das, was den Menschen ummöglich ist, für Gott möglich ist. Alles ist für ihn möglich.

Auch Verzicht auf den Besitz. Doch dieser Verzicht darf nicht den fanatischen Beigeschmack von Revolution an sich haben. Er muß aus einer inneren Freiheit kommen. Die Wurzel der um Christi willen gewählten Armut liegt in der Tiefe einer mystischen Verbindung mit Gott. Im Tiefsten sagt der von Christus angerührte Mensch wie etwa Franziskus von Assisi: „Gott, du bist mein alles." Wenn ich dich habe, habe ich alles. Was brauche ich denn noch an irdischem Besitz oder an Macht und Ansehen?

Man könnte aus der heutigen Meditationspraxis eine Grundhaltung als Umschreibung dessen wählen, was wir Armut um des Himmelreiches willen nennen: Ich lasse mich los. Ich lasse mich los von aller Selbstbezogenheit und Selbstverkrampfung in die unendlich gute und bergende Hand des Vaters. Dann hat die Armut immer ein freundliches Gesicht und wird Weg zur inneren Freiheit sein. Ob der reiche junge Mann irgendwann in seinem späteren Leben dies erkannt hat und dem Herrn als sein Jünger folgte?

Franziskus von Assisi hat diese Haltung des Sich-Loslassens in einem Wort formuliert, das man als Schlüsselwort seiner Christusnachfolge bezeichnen könnte: „Behaltet nichts von euch selbst zurück, damit euch der ganz annehme, der sich euch ganz hingibt“ (Schreiben an die Priester).

Ein lauteres Nichts

Es wurde gesagt, daß der Mensch in allem ledig sein soll, damit er eine Stätte Gottes ist, in der Gott wirken kann. Meister Eckhart führt aber noch weiter: Wenn der Mensch von sich selbst und von allen Dingen frei ist und nur noch eine Stätte in sich hat, in der Gott wirken kann, so hat er doch noch und haftet noch an einem kreatürlichen Etwas, das nicht selbst Gott ist. Dann ist der Mensch noch nicht arm in der eigentlichsten Armut. Das nur ist Armut im Geiste, wenn der Mensch so ledig steht, daß Gott nicht nur eine Stätte im Menschen hat, in der er wirken kann, sondern daß Gott selbst die Stätte ist, in der er wirken will.

Der Mensch soll ein lauteres Nichts sein. Findet Gott den Menschen so arm, so wirkt er sein Werk, und der Mensch erleidet Gott in sich. Der Mensch ist ein „Gott-Erleider“, und Gott ist selbst die Stätte seiner Werke. Gott und Mensch sind jetzt eins. Weil der Mensch nichts mehr besitzt, besitzt er mit Gott alles und hat alles.

Meister Eckhart

4. *Im Schein der Öllampe*

Das ist sicherlich wichtig, daß Jesus mit dem Pharisäer, Ratsherrn und Schriftgelehrten Nikodemus gesprochen hat (Joh 3,1–13). Aber ebenso wichtig ist es zu wissen, daß Jesus mit ihm dieses Gespräch in der Dunkelheit der Nacht geführt hat. „Er suchte Jesus bei Nacht auf."

Es muß in der Wohnung Jesu in Jerusalem gewesen sein. Wohl eine bescheidene Unterkunft im Hause eines Bekannten. Der „führende Mann unter den Juden" sucht den auf, der Bewunderung und Fragezeichen in ihm ausgelöst hat. Es waren die Zeichen, die Jesus gewirkt hatte, die den Ratsherrn bewegen, Jesus als Lehrer anzuerkennen, der „von Gott gekommen ist". Deshalb redet er den Herrn mit Rabbi an. Das Gespräch dreht sich sogleich um Wesentliches, ja „Himmlisches": Neugeburt, Wasser, Geist, Reich Gottes, Himmel und Menschensohn. Zweimal stellt Nikodemus eine Frage, und Jesus antwortet mit dem Hinweis auf eine neue Art des Verstehens, die vom unberechenbaren Wehen des Geistes Gottes getragen ist. Eine neue Art des Verstehens, die zu einer neuen Art des Lebens führt, das „neue Leben", das der Menschensohn bringt.

Was in diesem Bericht so echt menschlich ist: Jesus hat Zeit und lädt Suchende und Fragende zum Gespräch ein. Nicht als ob Nikodemus feige geworden wäre, bei Tage mit Jesus zu sprechen. Er tritt ja öffentlich im Hohen Rat für ihn ein (7,50). Aber vielleicht war die Nacht der von ihm gewünschte Rahmen für das Gespräch. Die Öllampe mit ihrem flackernden Licht mag die Atmosphäre von Wärme und Herzlichkeit verstärkt haben.

Für Fragende und Suchende hat Jesus Zeit, mit den selbstherrlichen Schriftgelehrten und Pharisäern wird er schnell fertig. Aber immer, wenn es um Menschen am Rande geht, ist er da als Freund und Bruder, der zuhören kann, der sich hinneigt und seine Hand ausstreckt: Es sind die Armen, die Schwachen, die Kinder, die Sünder, die „Kleinen", die Trauernden und die, die Lasten tragen.

Nimmt sich die Kirche, nehmen wir uns Zeit zum Gespräch mit diesen Menschen? Oder lieben wir es, fertige theologische Lehrsätze aufzustellen und keine Fragen zuzulassen? Haben wir Geduld mit den Schwachen und Unvollkommenen, die wir ja selbst mit Schwachheit behaftet sind? Haben wir eine ganze Nacht Zeit für andere?

Die grosse Begegnung

Jesus Christus erscheint als der Treffpunkt des Menschen, der Gott sucht, mit Gott, der den Menschen sucht. Er ist die Kreuzung, an welcher der niedersteigende Weg Gottes mit dem aufsteigenden Weg des Menschen zusammentrifft.

In ihm ist der wahre Mensch *zugegen, in allem uns gleich, außer der Sünde. In ihm lebt unser unendliches Sehnen nach einer Begegnung, die totale Erfüllung bringt; in ihm wirkt unsere Schwachheit und abgrundtiefe Armut; in ihm sind unsere Tränen über den schmerzvollen Leidensweg unserer Welt; in ihm sind unsere kleinen Freuden mit ihren zeitlichen und vorübergehenden Befriedigungen; in ihm ist unsere menschliche Armseligkeit, hineingebunden in die Enge einer Welt, die von den widersprüchlichsten Interessen getrieben wird; in ihm ist unser sterbliches Leben, das sich unwiederbringlich verbraucht und uns dadurch Unsicherheit und Angst einflößt, wie sie der Überraschung durch eine große Begegnung vorausgeht.*

Leonardo Boff

5. Am Brunnen

Die Zuspitzung der Verhältnisse ist deutlich zu spüren (Joh 4,1–26): Der Weg führt durch Samarien, deren Bewohner von den Juden als abtrünnige Sektierer angesehen werden,

Menschen einer anderen „Konfession“. Es ist Mittag, die sechste Stunde, das heißt, die Sonne steht im Zenit. Es ist heiß. Jesus setzt sich, müde von der Reise, an den Brunnen. Er unterhält sich mit einer Frau, die Wasser schöpfen will aus dem Brunnen, der nach Jakob benannt ist und immer frisches Grundwasser führt. Ein Mann spricht allein mit einer fremden Frau, und dazu noch mit einer Samariterin, die den Juden als eine halbe Heidin vorkommen mußte. Darin besteht die Zuspitzung.

Das Gespräch geht vom Wasser aus, das die Frau mit einem Krug oder Eimer schöpft. Sie muß das Seil tief herunterlassen, weil der Brunnen 32 Meter tief ist und der Wasserspiegel in regenreichen Jahren zehn Meter hoch steht. „Gib mir zu trinken“, sagt Jesus. Die Frau ist erstaunt: Du, ein Jude, erbittest von mir, einer Samariterin, Wasser? Das Gespräch geht vom Wasser, das hier frisch und lebendig quillt, über auf das lebendige Wasser, das Jesus meint. Dies Wasser hier im Brunnen löscht den Durst nur für kurze Zeit. Das Wasser aber, das Jesus spendet, löscht den Durst für immer. Wasser ist in diesem wasserarmen Land eine Wohltat. Immer wieder spricht die Bibel vom Wasser, wenn sie Leben, Heil und Gnade meint, ebenso wie sie von anderen Kostbarkeiten spricht wie etwa Licht und Brot.

Das Gespräch geht auf das Vorleben der Frau über, die keinen rechtmäßigen Ehemann hat und schon fünfmal verheiratet war. Die Frau spürt, daß Jesus sie in ihrem tiefsten Wesen kennt und erkennt, und hält ihn für einen Propheten. Sie bringt das Gespräch auf den Kult am Berge Garizim, wo heute noch die kleine Gruppe der Samariter ihre Osterlämmer schlachtet. Jesus überhöht die Unterschiede der beiden „Konfessionen“ mit dem Hinweis darauf, daß die künftige Gottesverehrung „im Geist und in der Wahrheit“ geschehen wird.

Die Frau gibt ihrer religiösen Erwartung Ausdruck: „Ich weiß, daß der Messias kommt, der Gesalbte, Christus. Wenn er kommt, wird er uns alles verkünden.“ Da sagt Jesus zu ihr: „Ich bin es, ich, der mit dir spricht.“

Wir sprachen von der Zuspitzung der Verhältnisse: die fremde Frau, mit der Jesus allein spricht, dazu eine Samariterin, dazu nicht rechtmäßig verheiratet. Ihr offenbart sich Jesus in seiner tiefsten Identität: Ich bin es, Christus, der Messias, der Gesalbte.

Liegt hier nicht gerade ein Hinweis darauf, wie und wo Jesus seine tiefsten Geheimnisse ausspricht? Nicht vor den Reichen und Gelehrten, nicht vor den Tugendhaften und Gerechten, sondern vor den Menschen am Rande. Wo treffen wir ihn an? An den Straßen und Wegen, in den Krankenstuben, in den Randzonen des Tempels, wo Unbedeutende warten, auf den Spielplätzen der Kinder, in den Totenhäusern, am Brunnen und auf den Plätzen, wo die Geplagten und Belasteten (Mt 11,28) ihre Augen voll Erwartung auf ihn richten.

Nicht als ob wir nicht alle Menschen mit Sorge und Hingabe bedenken dürften. Auch Jesus liebt alle und schließt keinen von seiner Zuwendung aus. Aber kennzeichnend ist, daß er die Fragenden, die Suchenden und die Belasteten besonders gern hat, und daß er die Armen – die materiell und geistig Armen – seine Freunde nennt.

Diese Haltung Jesu müßte maßgebend sein für alle Generationen der Christen, für die Kirche insgesamt, für uns alle. Es hat lange Jahrhunderte gedauert, bis die Kirche sich zu dieser Haltung Jesu bekannt hat. Heute spricht sie wieder davon, daß die Armen ihre Lehrmeister sind. Oder soll es nur so aussehen? Wo finden wir die Hirten der Kirche – Bischöfe, Generalvikare, Seelsorgsamtsleiter, Pfarrer, Ordensobere – heute? Auf den Spielplätzen, in den Stuben der Aidskranken, auf dem Bahnhofsvorplatz, wo die obdachlosen „Landstreicher“ sich aufhalten, in den Lagern der Aussiedler, der Sinti und Roma, in den Gesprächskreisen der Alkoholiker, in der „Arche“ zur Resozialisierung von Prostituierten und in den Kellern der Drogenabhängigen?

6. *Jesus und Johannes*

Von Jugend an hat mich eine sehr alte Holzfigur in Heiligkreuztal angesprochen: Jesus und Johannes. Ich kenne sie nur von Bildern. Als ich zum Priester geweiht wurde, habe ich diese Gruppe auf mein Primizbild drucken lassen und dazu den Satz aus dem 1. Johannesbrief (3, 1) gesetzt: „Seht, welch große Liebe uns der Vater geschenkt hat."

Das, was Freundschaft, Zuwendung, Herzlichkeit, Liebe ist, bringt dieses Bild stark und zugleich zart zum Ausdruck. Johannes sitzt neben Jesus und legt den Kopf an seine Brust. Im Evangelium wird berichtet, daß Jesus nach der Fußwaschung, dem Zeichen dienender Liebe, im Kreis der Jünger auf den zu sprechen kam, der ihn verraten würde: „Einer von euch wird mich verraten" (Joh 13, 21). Die Jünger sind ratlos: Wen meint er? „Einer von den Jüngern lag an der Seite Jesu; es war der, den Jesus liebte." Petrus nickt ihm zu, er solle Jesus fragen. „Da lehnte sich dieser zurück an die Brust Jesu und fragte ihn: Herr, wer ist es?"

Jesus liebt alle Menschen, vor allem seine Jünger, die er seine Freunde nennt. Einen aber hat er besonders lieb, seinen Freund Johannes. Der Künstler von Heiligkreuztal hat die Szene festzuhalten versucht, wie dieser Johannes sich an die Brust Jesu lehnt. Er schmiegt seinen Lockenkopf an Jesus an. Das Gesicht strahlt Ergriffenheit und innige Sammlung aus. Vor Verwunderung ist der Mund ein wenig geöffnet. Die rechte Hand ruht in der Hand Jesu. Die beiden Hände berühren sich, aber nicht wie bei einem flüchtigen Gruß, sondern sie verweilen ineinander, um ihre Freundschaft auszukosten. Die rechte Hand Jesu ist nach oben geöffnet wie eine Schale, die Hand des Jüngers legt sich hinein, wie man etwas Kostbares in eine kostbare Hülle legt. Die Daumen liegen aneinander. Beide Hände verbinden sich wie zu einer Hand, und die Arme beider von den Ellenbogen an bilden eine Gerade, als ob sie zusammengehörten.

Beide tragen ihr Ober- und Untergewand in symbolischer

Farbe. Das Untergewand, faltenreich und bewegt, ist aus goldener bzw. roter Farbe, Zeichen göttlichen Lebens beziehungsweise der Liebe. Die beiden Obergewänder, in einer Mischfarbe aus Grün und Blau, gehen über den Knien ineinander über in einer wellenförmigen Bewegung, als ob beide Gewänder in der Höhe des Schoßes zusammengehörten. Jesus sitzt aufrecht, jedoch ein wenig zu Johannes hingeneigt. Seine Augen sind geöffnet, er scheint in die Ferne zu schauen. Die linke Hand ruht schützend, stützend, bergend auf der linken Schulter des Johannes.

Man kann vor diesem Bild lange verweilen. Was das Evangelium berichtet, wird hier ohne viel Beiwerk, und darum um so konkreter, zum Ausdruck gebracht: Freundschaft mit Jesus. Einige Vorstellungen werden beim Meditieren dieses Bildes lebhaft: Berufung zum Apostelamt heißt zuerst „damit sie bei ihm seien", dann erst Aussendung. Wer Jesus folgen will, muß sich Zeit nehmen, um bei ihm zu verweilen. Man müßte so viel Fantasie haben wie jener Mann in Indien, von dem Anthony de Mello berichtet[17]: „Jahrelang fiel es mir schwer, zu beten, bis mir ein Freund erklärte, daß Gebet ein Gespräch mit Jesus sei. Er riet mir, einen leeren Stuhl neben mich zu stellen, mir vorzustellen, Jesus säße darauf. Ich solle mit ihm sprechen und seinen Worten zuhören."

Die Tochter dieses Mannes berichtete später, daß der Vater gestorben sei, während sie gerade zu einer Verrichtung sich außerhalb des Hauses befand: „Als ich ins Zimmer zurückkehrte, war er tot. Etwas Eigentümliches habe ich jedoch bemerkt: Sein Kopf lag nicht auf dem Bett, sondern auf dem Stuhl neben seinem Bett."

Müßten wir verkopften Christen unseres Kulturkreises nicht wieder lernen herzhaft zu beten? „Beten ist ein Wiegen des Herzens", sagt der Wüstenvater Cassian, wie ein Kind den Kopf an die Mutter lehnt und wiegt oder wie Johannes seinen Kopf an der Brust des Herrn.

Frühere Generationen sind uns hier weit voraus. Ramon Llull starb 1316 als Märtyrer in Tunis und wurde im Franziskanerhabit in der Ordenskirche zu Palma de Mallorca begraben. Er hat das vielgelesene Buch „Vom Freund und vom Geliebten" geschrieben, das 1988 von Erika Lorenz herausgegeben wurde. Sein Grabstein trägt die Inschrift: „Hier ruht der Freund. Er starb für den Geliebten und aus Liebe." Wie ein Kommentar zum Bild von Heiligkreuztal wirken die Verse:

Zwischen Freund und Geliebtem
sind Nähe und Ferne dasselbe.
Wie Wein und Wasser
hat sich ihr Leben vermischt.
Wie Licht und Wärme
hat sich ihr Lieben verbunden.
Wie Sein und Wesen stimmen sie überein
und sind sie einander vereint (Ramon Llull)[18].

7. Gespräch im Morgengrauen

„Die Liebe schenkt ein neues Auge", sagt Richard v. St. Viktor. Ich glaube, sie schenkt auch ein neues Ohr. Im Morgengrauen des ersten Wochentages fand ein Dialog statt zwischen zwei Menschen, so kurz wie er oft zwischen zwei Liebenden geschieht, aber so bewegt, wie es gerade bei diesen der Fall ist.

Maria von Magdala steht draußen vor dem Grab und weint (Joh 20,11–18). Warum weinst du? fragen Engel. „Man hat meinen Herrn weggenommen, und ich weiß nicht, wohin man ihn gelegt hat." Sie wendet sich um und sieht einen Mann neben sich stehen, von dem sie glaubt, es sei der Gärtner. Auch er fragt: warum weinst du, wen suchst du? Die Antwort: „Herr, wenn du ihn weggebracht hast, sag es mir. Dann will ich ihn holen." In diesem Augenblick spricht Jesus nur das eine Wort: „Maria." An seiner Stimme erkennt sie ihn, wendet sich zu ihm und antwortet ebenfalls mit nur einem Wort: „Rabbuni, mein Meister!“

Wie zart ist dieser Dialog? Die eine erkennt den anderen an nur einem Wort und antwortet mit dem Wort der Liebe. Liebe macht hellhörig und hellsichtig.

Wer ist diese Maria von Magdala? Sie ist sicherlich nicht die Sünderin, die dem Herrn die Füße salbte (Lk 7,36 ff.), obwohl gerade diese rührende Szene der Verehrung zu ihr gepaßt hätte. Wohl aber wird berichtet, daß Jesus aus ihr sieben Dämonen ausgetrieben habe (Lk 8,2). Sie hatte sich dem Kreis der Apostel angeschlossen und begleitete Jesus „von Stadt zu Stadt und von Dorf zu Dorf“. Mit dem feinen Gespür einer für die Heilung dankbaren Frau hatte sie die Gewohnheiten Jesu kennengelernt und war in seine Absichten eingeweiht. Im täglichen Umgang mit dem Herrn auf seinen vielen Wanderungen war sie so sehr mit ihm verwachsen, daß sie ihn am Ostermorgen an seiner Stimme erkennen konnte, bevor sie sich zu ihm wandte.

Der Künstler Michael Blum hat unter seinen modernen „christlichen Tafelbildern“ eines, das die Szene dieses Gespräches im Morgengrauen mit kühner Phantasie darstellt[19]: im Hintergrund die Morgensonne, die hinter der Häuserkulisse der Stadt Jerusalem mit den Kreuzen des Kalvarienberges aufgeht. Maria, jung und strahlend, steht vor dem Grab, aber so, daß die Umrisse der Grabesöffnung sich wie ein Schleier um ihren Kopf ausnehmen. Wie eine Braut trägt sie einen leuchtenden Strauß roter Rosen aus dem Garten des „Gärtners“ und reicht sie dem Herrn, der nur mit seiner durchbohrten Hand zu sehen ist. So kann man sich die Szene dieses kurzen und so herzlichen Zwiegespräches vorstellen. Jeder Mensch, der einem anderen seine Liebe erklärt, kann zum Dichter werden, unbeholfen manchmal in alltäglichen Sprachformeln oder nur in der schlichten Anrede. Auf dieses Zwiegespräch im Morgengrauen paßt der Vers aus dem Hohenlied: „Du bist in den Gärten, wo bleibt dein Ruf? Zeig deine Stimme, laß mich dich hören!“ (8,13).

Ein Leben aus dem Glauben kann erstarren, wenn es nicht immer wieder mit einem gewissen jugendlichen Schwung über sich hinauswächst in die Dimension des Wagnisses, das Liebe bedeutet, ins Unberechenbare, das das Abenteuer ständigen Neubeginns mit sich bringt. Selbst wenn man graue Haare hat, und als Älterer einen langen Weg zurückgelegt hat, braucht man neue Impulse. Gefährlich ist es, wenn das geistliche Leben sich in festgefahrenen Gleisen bewegt. Liebe hält jung.

„Der Freund klopfte an die Tür seines Geliebten
mit dem Pochen der Liebe und Hoffnung.
Der Geliebte vernahm es ...
Menschheit und Gottheit
öffneten die Flügel des Tors.
Und der Freund trat ein und schaute seinen Geliebten (Ramon Llull)[20].

8. *Mein Herr und mein Gott*

Ernst Barlach nennt seine wohl bekannteste Plastik „das Wiedersehen“. Es war für mich eine Überraschung, diese lebensgroße Figur aus Mahagoni im Barlach-Museum im Jenisch-Park in Hamburg unerwartet vorzufinden. Lange habe ich verweilt, bin um die Plastik herumgegangen, um sie von allen Seiten in allen Schattierungen und Lichtverhältnissen zu sehen.

Das Wiedersehen: Jesus kam Ostern zu seinen Jüngern, Thomas war nicht dabei (Joh 20,24–29). Als die Jünger ihm von der Begegnung mit Jesus erzählten, sagte er: „Wenn ich nicht die Male der Nägel an seinen Händen sehe, und wenn ich meine Finger nicht in die Male der Nägel und meine Hand nicht in seine Seite lege, glaube ich nicht.“

Acht Tage später kam Jesus wieder zu seinen Freunden, den Aposteln. Thomas war dabei. Und jetzt spielt sich das

Wiedersehen ab. Jesus geht gleich auf Thomas zu: „Hier sind meine Hände, streck deine Finger aus und lege sie in meine Seite. Sei nicht ungläubig, sondern gläubig."

Die berühmte Plastik hält die Szene fest, da Thomas auf Jesus zugeht. Innerlich aufgewühlt, schleppt er sich heran. Mit seinen Händen stützt er sich auf der Schulter Jesu ab, dieser greift ihm unter die Arme. Die Armbewegungen gehen ineinander über. Das Gesicht des Thomas drückt Betroffenheit, schmerzliche Erkenntnis, aber auch ein Vertrauen aus, das typisch ist für das Dennoch des Neubeginns, wie man es manchmal in tragischen Situationen des Lebens findet. Die beiden Gesichter sind nahe aneinander. Sie schauen sich tief in die Augen. Jesus steht aufrecht, fast hieratisch unbewegt. Doch die helfenden Arme deuten an, daß er in diesem Augenblick ganz für seinen Jünger da ist, der im Wiedersehen ein Bekenntnis ablegt, das der Kirche sehr geholfen hat, da es das Bekenntnis eines „bekehrten" Zweiflers ist: „Mein Herr und mein Gott."

Zweifel und Vertrauen: beide können nahe zusammen liegen. War das überhaupt Zweifel, was Thomas bewegte, als er sagte: „Sonst glaube ich nicht." War es nicht vielmehr die Hilflosigkeit eines Menschen, in dessen – aus einer bäuerlich-handwerklichen Kultur stammenden – Horizont, der von der Erfahrung mit den Sinnen bestimmt ist, plötzlich das Ungewohnte, nicht Konstatierbare einbricht? Er hatte seinen Herrn kennengelernt und geliebt. Nach der Tragödie des Karfreitags, die er wie die meisten übrigen Apostel als ein Geflüchteter aus der Entfernung miterlebte, erfährt er nun, daß der feststellbare Tod eines Menschen nicht das letzte ist. Mußte ihm das nicht unheimlich vorkommen, als die Jünger sagten: Er lebt?

Mir hat Thomas viel geholfen. Ich bin dankbar, daß mich das helle Zeugnis glaubender Menschen stützt. Aber Thomas danke ich, daß sein „Unglaube" mich gestärkt hat, im Hell-Dunkel des Glaubens mich immer wieder aus dem Dunkel zum Hellen durchzuringen.

Glaube ist nichts Fertiges. Er muß jeden Tag neu gelebt,

durchlitten und erkämpft werden. Karl Rahner sagt: „Glauben heißt nichts anderes als die Unbegreiflichkeit Gottes ein Leben lang auszuhalten." Und Petrus bringt die Unbegreiflichkeit des Glaubens in seiner hell-dunklen Ambivalenz zum Ausdruck: „Herr, ich glaube. Hilf meinem Unglauben!" (Mk 9,23). Sind es nicht die Paradoxe, mit denen man die Glaubenswirklichkeit wohl am ehesten umschreiben kann?

Standhalten

In der großen Theologie hat man deswegen ihn – den kritisch Denkenden und zugleich Glaubenden – mit dem Märtyrer verglichen, dem Blutzeugen, der einfachhin standhält und die Wahrheit des Glaubens nicht preisgibt trotz der „Gegenargumente" der Gewalt. Es kennzeichnet die innere Situation des Glaubenden, daß die Glaubenswahrheit durch kein Vernunftargument positiv erwiesen werden kann; sie kann nur verteidigt werden! Auch gegen die eigenen Vernunftargumente gibt es letztlich keine andere Möglichkeit des Widerstandes als die der Verteidigung, nicht des Angriffs also, sondern des Standhaltens. Und man kann sich sehr wohl fragen, ob es nicht auch einmal für eine Zeitlang unvermeidlich werden könnte, dieses Standhalten, wie im Falle des Blutzeugen, in Gestalt schweigender Wehrlosigkeit zu leisten – natürlich nicht um irgendeines „charaktervollen" Starrsinns willen, nicht aus „Heroismus", sondern damit wir nicht das verlieren und versäumen, was uns in der Offenbarung zugedacht und was allein in der Weise des Glaubens zu haben ist: die Teilhabe nicht nur am Wissen Gottes, sondern an seinem Leben selbst.

Josef Pieper

9. *Für euch und für viele*

Eine der intensivsten Begegnungen mit Jesus ist die in der Eucharistie. Die Jünger waren am Vorabend des Paschafestes, als die Sterne am Himmel aufgingen, eingeladen, mit Jesus das Abendmahl zu feiern. Der Ritus war festgelegt und schon über tausend Jahre gültig. Er erinnerte an das geheimnisvolle Geschehen in Ägypten, als Gott sein Volk in die Freiheit führte. Doch Jesus spricht beim Essen des ungesäuerten Brotes ein neues Wort: Dies ist mein Leib, und beim Trinken des Weines: Dies ist mein Blut. Und die Weisung für alle Jahrhunderte an alle Generationen aller Christen: „Tut dies zu meinem Gedächtnis."

In der Zeit vor dem Krieg, als ich noch kein Priester war, führte mich der Mitbruder, der für unsere geistliche Bildung zuständig war, in eine Lebenshaltung ein, die sich stützte auf den Gedanken der Eucharistie, das heißt Danksagung. Er sprach von der Vita Eucharistica: mit Jesus leben aus der Kraft der eucharistischen Speise in Freude, Dank und Hingabebereitschaft. Diese Idee hat mir in Krieg und Gefangenschaft viel bedeutet. Als ich dann später zum Priester geweiht war, konnte ich die Messe unter den verschiedensten Bedingungen feiern: im Kreis der Brüder und Schwestern mit den unvergleichlich schönen Choralgesängen bei einem Hochamt, in der Messe mit einer kleineren Gruppe: Gemeinschaftsmesse, wie sie im Zuge der liturgischen Bewegung genannt wurde, oft auch als „stille Messe", wo ich allein feierte an einem Nebenaltar. Eine Meßfeier besonderer Art ist mir unauslöschlich in Erinnerung geblieben:

Bei einem längeren Studienaufenthalt in Rom, machte ich auch einen Besuch in den Sebastianskatakomben in der Via Appia, in denen die Brüder des heiligen Franziskus wirken. Mit dem Bruder Küster vereinbarte ich, daß ich in aller Frühe hier in den Katakomben die heilige Messe feiern würde. Als ich eingetroffen war, eröffnete mir der Mitbruder, daß er mich gern zum Altar in den Katakomben begleiten würde, dann aber wegen dringender anderer Aufgaben zurückkehren müßte. Der Bruder voran mit der Kerze, so gingen wir die Stufen hinab, bis die karge Herbheit der Katakombenwände sichtbar wurde. Nur vom flackernden Licht der Kerze erhellt, waren die Gänge, die wir entlang schritten, bis wir an einer Nische ankamen, in der ein kleiner Altar in die Tuffwand eingeschnitten war. Mein Mitbruder zündete zwei Kerzen an und verließ mich und sagte, er käme nach einer bestimmten Zeit wieder, um mich abzuholen.

So schaute ich mich zunächst um und orientierte mich. Welch eine Kulisse: rechts und links über dem Altar die Nischen der Gräber. Die meisten offen, in einigen lagen noch Knochen. Ich war überwältigt von der Dynamik des Ortes mit seiner Vergangenheit. Hier in der unterirdischen Nekropolis (Totenstadt), geschützt vor den Herausforderungen des römischen Anspruchs nicht nur auf Macht, sondern auch auf die Göttlichkeit des Imperiums, konnten die Christen beten, Gottesdienst feiern und ihre Toten bestatten.

Ich habe den Kelch auf den Altar gestellt und beginne die Messe. Es fehlt jeder Zeuge, jede Beteiligung des Volkes, und doch habe ich selten die Nähe anderer so gespürt wie hier. Es war der unsichtbare Chor der Zeugen, die „uns vorangegangen sind, bezeichnet mit dem Siegel des Glaubens“. Die römischen Märtyrer, deren Namen im römischen Kanon, damals noch dem einzigen, genannt wurden, waren hier wie sonst nie präsent. Vor allem auch Petrus, der erste Bischof von Rom, der zunächst, wie die Graffiti nahelegen, in dieser Katakombe an der Via Appia beigesetzt worden war.

Ich bin erst ein Jahr Priester. Die Primiz, lange Jahre des Krieges erträumt und ersehnt, erfährt hier eine spirituelle Vertiefung: Das Priestertum ist nicht Glanz, Ehre und Macht, sondern Dienst, Zeugnis und Hingabe. Wie bei diesen Christen der ersten Zeit, die in Einfachheit und Treue ihren Glauben lebten und Jesus folgten, bis zum Zeugnis des Blutes. Sie laden uns ein, ihrer Einfachheit und Treue im Glauben zu folgen. Das alles ging mir durch den Kopf, als die Messe längst beendet war und ich mich auf einen Vorsprung des Tuffsteins gesetzt hatte und den Mitbruder erwartete, der mich abholte und wieder ans Tageslicht brachte.

So kann die Eucharistie, die uns die Kommunion mit Christus schenkt, jeden Tag neu beleben. Sie fordert Hinhören, stille Bereitschaft, manchmal, wenn wir träge und müde sind, fordert sie auch den Mut, etwa bei der eucharistischen Anbetung durch die schlichte Gestalt der Hostie, an der ich nichts von der Gegenwart des Herrn sehe und erkenne, gleichsam hindurchzuschauen und mich von der Sprache dieses Stückchen Brotes führen zu lassen: „Ich bin da, auch wenn du mich nicht siehst. Ich bin ganz für dich da, mach Platz für mich in deinem Leben. Du erkennst mich in diesem Brot, aber am meisten findest du mich in deinen Brüdern und Schwestern. Laß sie nicht allein, wie auch ich dich nicht allein lasse. Sich vor das stellen, was wie Brot aussieht und sagen: Da, Jesus Christus, der Lebendige, der Wahre – das ist reiner Glaube ... Es ist die geheimnisvollste Gegenwart, die man sich vorstellen kann“ (Carlo Carretto).

Das Konzil hat uns die alte Wahrheit neu bewußt gemacht: Wir können dem Herrn auf dreifache Weise begegnen: im Wort, im Brot, im Bruder. Der Herr spricht zu uns im Wort des Evangeliums, wenn wir innerlich bereit sind, uns ansprechen zu lassen. Er schenkt uns in der Eucharistie seine Gegenwart in der Nahrung von Brot und Wein. All das führt dabei zu dem, was bei einem Mahl zum Ausdruck kommt: Freude, Festlichkeit, Gemeinschaft und Stärkung. Die Gegenwart des Herrn, die letztlich entscheidend und Maßstab für die beiden anderen Arten ist, wird nur dann gegeben sein, wenn ich bereit bin, mich selbst zu vergessen, dem Bruder und der Schwester in Freundschaft und Liebe nicht nur die Hände zu reichen, sondern meine innerste Kraft zur Verfügung zu stellen wie Jesus, der sagt: Nehmt, das ist mein Leib, mein Leben, meine Liebe: für euch.

Wenn Begegnung mit Jesus in Person lebens- und heilsnotwendig ist, wie die Brotrede sagt, stellt sich sofort die Frage: Wie kann ich mit Jesus Gemeinschaft haben, wenn er nicht mehr als Mensch unter uns weilt? Wie kann ich ihm nach 2000 Jahren noch begegnen? Die erste Antwort wird sicher lauten: im Glauben. Im Glauben steht uns auch heute der Zugang zu Jesus offen. Aber ob das auf Dauer als einzige Auskunft genügt? Hier können auch materielle Zeichen stützend und helfend eintreten. Und eben das geschieht im Sakrament der Eucharistie, von dem unser Text spricht.

Die Person Jesu geht in die Mahlelemente ein. Brot und Wein werden zu Garanten seiner bleibenden Gegenwart. Gegenwärtig wird der erhöhte Herr, gegenwärtig wird seine Selbsthingabe in den Tod am Kreuz. Das Sakrament überwindet die Bedingungen der Zeitlichkeit, die für den Menschen aus eigener Kraft unüberwindlich scheinen. Es läßt Vergangenheit präsent werden, es reicht in die ewige Zukunft hinein: „Wer mein Fleisch ißt und mein Blut trinkt, hat das ewige Leben." Das Sakrament ist die vornehmste Weise der Begegnung mit dem Herrn.

Hans-Josef Klauck

IV.
Wenn Steine reden (Lk 19,40) Gespräch mit der Schöpfung

1. Klingende Schöpfung

Wie viele Menschen haben sich schon im Laufe der Jahrhunderte über das Lied der Kreaturen gefreut, das wir „Sonnengesang“ nennen. Er stellt eine der klassischen Ausprägungen christlichen Naturverständnisses dar, in der die Liebe zu den Geschöpfen und der Lobpreis auf den Schöpfer, aber auch Schöpfungsfreude und Erlösungssehnsucht eine einzigartige Harmonie miteinander eingegangen sind.

Franziskus hat den Sonnengesang vor achthundert Jahren gedichtet. Am Ende der Reihe dieser zahlreichen Äußerungen christlicher Schöpfungsfrömmigkeit steht in diesem Jahrhundert der „Hymnus an die Materie“ des Pierre Teilhard de Chardin, als der modernste Ausdruck der Ergriffenheit vor der Schöpfung. Die beiden Gedichte oder Hymnen haben sehr viel Unterschiedliches aber auch viel Gemeinsames. Beiden ist die Grundhaltung ehrfürchtigen Staunens vor dem Wunder der göttlichen Schöpfung eigen. Beide sehen in der Natur eine Offenbarung der Größe Gottes, die ihre gleichgeartete dichterische Empfänglichkeit zu einem Lobgesang inspiriert. Beide sprechen mit ihrem Lied ein christliches „Ja zur Erde“.

Es ist nicht zu übersehen, daß der Hymnus des Franziskus seiner äußeren Anlage nach nicht eigentlich ein Loblied auf die Schöpfung, sondern auf Gott ist. Franziskus wendet sich zuerst dem Schöpfer zu und entdeckt in seinem Licht die Schönheit der Geschöpfe, die sein Zeichen tragen. Teilhard versenkt sich zuerst in die faszinierende Erscheinungen der Materie und erfährt an ihr eine Offenbarung „der Ausmaße Gottes“[21].

Franziskus beginnt mit einem Ausdruck des Gotteslobes in direkter Anrede „du höchster, allmächtiger, guter Herr, dein sind der Lobpreis, die Herrlichkeit und die Ehre und jegliche Benedeiung. Dir allein, Höchster, gebühren sie, und kein Mensch ist würdig, dich nur zu nennen.“ Teilhard dagegen beginnt mit dem Hinweis auf den Menschen, „der auf die Knie fiel, in dem feurigen Wagen, der ihn davontrug“, und läßt ihn sprechen: „Gesegnet seiest du, rauhe Materie, brache Scholle, harter Fels ... die du unsere Rahmen jeden Augenblick sprengst, uns zwingst, daß wir immer ferner hinaus die Wahrheit suchen müssen.“

Bei jedem Menschen hat die Erfahrung der Schöpfung einen „Sitz im Leben“. Vielleicht ist dafür eine Wanderung der Anlaß oder ein Sonnenuntergang am Meer oder der Anblick des nächtlichen Sternenhimmels. Welchen Sitz im Leben hatte der Sonnengesang? Franziskus hatte auf dem Berg Laverna die Wundmale des Herrn empfangen. Gepeinigt, verlassen und fast völlig erblindet, lebte er zuletzt zurückgezogen beim Klösterchen San Damiano, wo ihm die heilige Klara aus Zweigen eine Hütte herrichtete. In der Armut seines Herzens erwartete er hier seinen Tod. Inmitten großer Schmerzen, umgeben von Ungeziefer und Mäusen, flehte er zu Gott und erhielt inneren Trost. Sein Herz erfüllte Friede und Freude. In jener Stunde sang er das Lied von der Schönheit aller Schöpfung, obwohl er sie mit seinen fast erblindeten Augen nicht mehr sehen konnte. Er ließ die Verse niederschreiben, ersann eine Melodie dazu, vermachte sie seinen Brüdern und schickte diese damit hinaus in die Welt als Boten Gottes.

Heute staunen wir über den Sonnengesang. Er tönt für uns wie aus einem fernen Paradies. Wir erleben die darin besungene heile Welt nicht mehr. Vielleicht fehlt uns der kindliche Glaube und die schlichte Demut des Franziskus. Doch wir sehnen uns nach einer heil gewordenen Welt und nach dem reinen Herzen, aus dem ein solcher Text hervorging. Doch wer genau hinhört, erfährt auch im Sonnengesang die Kontrapunkte mit Sünde, Schuld und Tod, während Teilhard in seiner kosmischen Begeisterung die vordergründige Hinfälligkeit der Welt zu vergessen scheint. Nach dem Franziskus Sonne und Sterne und dann die vier Elemente Erde, Wasser, Feuer, Luft besungen hat, umschreibt er die Wirklichkeit, in der immer wieder Not und Elend herrschen, in der man dulden, Frieden stiften und Verzeihung schenken muß.

Und dann kommt am Ende die Strophe, für die man eine besondere Feinfühligkeit aufbringen muß, das Lied vom Tod, in dem der Erschütterung und dem Schrecken Raum gegeben wird. Ihm, dem Tod, kann kein Mensch lebendig entrinnen. Die beiden letzten Strophen des Sonnenliedes sind ein Ausdruck für die unaufhebbare Spannung zwischen Weltbejahung und Weltüberwindung, in die sich der Christ gestellt sieht und die er nur im Blick auf das Kreuz Christi aushalten kann. Nicht nur aushalten, sondern österlich enthüllen. Denn auch dem Tod zum Beispiel wird jene geschwisterliche Anrede nicht versagt, die er zuvor den Gestirnen da oben und den Elementen hier unten gegeben hat, die aber gerade in Verbindung mit dem Tod die gewaltige Dimension des Lebens bekommt, nämlich „Bruder". Bruder Tod: das ist Glaube an das Leben, das im Tode Christi für die gesamte Schöpfung, Menschen und Dinge, der neue Anfang war.

Was bedeutet der Sonnengesang heute? Erinnert er uns nur an die heile Welt, wie sie von einem gläubigen Christen des Mittelalters gesehen wird? Er kann auch heute noch die Menschen animieren, sich über die geschöpflichen Dinge auf den Weg zu machen zum Schöpfer und die Spuren Gottes zu entdecken, die in seiner Schöpfung ausgestreut sind, und zwar viel zahlreicher, als wir meinen.

Darüber hinaus könnte er uns ins Gewissen reden, unsere Welt nicht zu zerstören. Zwar steht die Technik heute durchaus nicht im Gegensatz zur Natur oder braucht es wenigstens nicht. Auch Technik kann schön sein, auch Technik kann erheben und den Weg zum Schöpfer zeigen. Aber sie kann auch die Spuren Gottes verwischen, indem sie das Antlitz der Schöpfung nicht erneuert und fortführt, sondern entstellt, verunstaltet und zerstört. Die Welt soll Heimat werden für die Menschen. Wie viele Menschen aber sind trotz der Weite der Welt und des geräumigen Platzes auf ihr ohne Heimat! Wie viele stehen auf der Schattenseite des Lebens, wie viele hungern, obwohl unsere Schwester, Mutter Erde, uns ernährt und erhält und vielfältige Frucht uns trägt und bunte Blumen und Kräuter.

Was haben wir aus der Welt gemacht, z. B. aus der Schwester Wasser? Ist es noch demütig und köstlich und keusch? Bruder Mond und die Sterne kann man nicht mehr sehen, weil sich eine Dunstglocke über die Städte wölbt und die Scheinwerfer und die flimmernden Reklamen die Nacht in Tag verwandelt haben. Und der Smog, der über den Industriegebieten liegt, ist wie ein grandioses Gift, das wir selbst durch eigene Schuld ausgespritzt haben.

Franziskus hat keine Anleitungen gegeben, wie man ökologisch denken und planen kann und muß. Aber die Grundzüge seines Menschen- und Weltbildes können uns hilfreich sein. Und diese sind: Es kommt darauf an, daß der Mensch Mensch bleiben kann. Es muß alles getan werden, damit er in Frieden und Versöhnung zusammen mit den anderen leben kann und zwar in einer Welt, die ihm wirklich Heimat ist. So kann die klingende Schöpfung zu einem Lied der Freude und Dankbarkeit werden, aber auch zu einem Mahnlied für die Menschen von heute.

Die ganze Schöpfung war Gesang

Liebet die ganze Schöpfung Gottes, das ganze Weltall wie jedes Sandkörnchen auf Erden. Jedes Blättchen, jeden Lichtstrahl Gottes liebet. Liebet die Tiere, liebt die Gewächse, liebet jegliches Ding. Erst wenn du jedes Ding lieben wirst, wird sich dir das Geheimnis Gottes in den Dingen of-

fenbaren. Hat es sich dir aber einmal offenbart, dann wirst du es bereits unablässig und weiter und immer mehr und Tag für Tag erkennen. Und zu guter Letzt wirst du die ganze Welt schon mit ungeteilter, allumfassender Liebe lieben.

Fedor Dostojewskij

2. Bruder Mond und die Sterne

Von Kindheit an habe ich die Sterne geliebt. Sie waren meine stillen Partner, wenn wir in Rußland oftmals draußen auf dem Boden schlafen mußten und ich im Anblick des Himmels die Möglichkeit fand, die Härte des Augenblicks zu relativieren und sie gleichsam aufzulösen in dem Gedanken, daß Unendlichkeit den Raum und Ewigkeit den Augenblick erfüllt. Der Blick auf die Sterne macht weit, ruhig, gelassen und ehrfürchtig.

Und der Mond, der stille Bruder der Menschen: Nachdem ich mich um Kenntnis der Geographie seiner Landschaft bemüht hatte, spielte er in meinen Meditationen und Träumen eine große Rolle. Das klassische japanische Haiku von Basho veranlaßte dazu:

Rufe des Kuckucks.
Durch hohes Bambusdickicht
sickert der Mondschein.

In Brasilien habe ich die Sterne neu entdeckt. Im Innern sind die Nächte dunkler und die Sterne heller, fast zum Greifen nahe, so nahe, wie sie nachts nur aus Flugzeugen zu sehen sind, wenn sie in großer Höhe den Dunstkreis der Erde überwunden haben und die Sterne wie Perlen und die Planeten wie Fackeln wirken. „Siehst du das Kreuz des Südens?“ fragte mein Mitbruder, als wir im Garten von Sao Louis zusammensaßen. Man konnte es deutlich erkennen, obwohl die Sterne nicht all zu stark sind und das Bild kleiner, als ich es mir vorgestellt hatte. Die Brasilianer lieben dieses Sternbild, nach dem sie ihr Sternenbanner angeordnet haben. Was dem Brasilianer am Nachthimmel zutiefst beeindruckt, ist der Mond, er muß den Kopf weit zurücklegen, um ihn anzuschauen, denn er steht, wie mittags die Sonne, im Zenit. Eine tiefe Klarheit gewinnt das Licht des Mondes in Sertao, dem unabsehbaren weiten Binnenland Brasiliens, dort wo die Natur uns in unberührter Unmittelbarkeit gegenüber tritt, wo des Nachts, wenn die Abkühlung spürbar wird, ein großes Aufatmen durch den Palmenwald geht, wo die tausend Leuchtkäfer durch das Gras schwirren und ihre Lichter entzünden. Die schlichten Menschen des Inneren sind mit dem Mond physisch unmittelbarer verbunden als die Menschen der europäischen Zivilisation. Bei Vollmond werden die Kinder sehr unruhig, die verborgenen Tiefen der Seele werden geweckt, als wenn geheimnisvolle kosmische Kräfte auf sie einwirkten.

Auch ich habe einmal ein Haiku versucht. Ein Mitbruder hat dazu ein Bild gemalt, das zusammen mit dem Text zu einer der schönsten Erinnerungen an Stunden der Meditation geworden ist.

Silbertraum der Nacht
wie oft weitest du mein Herz
Mond, mein stiller Bruder.

3. Schwester Rose

Fast dreitausend Menschen haben sich in der großen Halle eingefunden, um den Vortrag zu hören „Franziskus – Gestalt der Hoffnung“. Meist sind es junge Leute, die hierhergekommen sind, und nach dem Vortrag drängen sie sich, um Fragen, Beiträge und Antworten dem Publikum zu unterbreiten.

Als der Abschnitt mit dem Thema: Franziskus und die Schöpfung zu Ende ist, bitte ich die Zuhörerschaft um ihr Einverständnis, daß ich den Vortrag unterbreche und alle zu einer kurzen Meditation einlade, die von der Gruppe „Kontakte“ in einer sehr getragenen hellen Melodie weitergeführt wird. Ich bitte die Zuhörer, sich innerlich zu sammeln in entspannter Ruhe. Es herrscht tiefe Stille unter den vielen Zuhörern. Ich nehme eine Rose in die Hand, hellrot, hebe sie empor und bitte alle, aus innerer Gelöstheit heraus die Rose anzuschauen:

Schwester Rose, wie schön bist du: welch ein Geheimnis trägst du in dir! Die innere Kraft, aus der du dich gestaltest, deine Blätter, der Duft, die Farbe. Schwester Rose, woher kommst du? Bist du nicht wie ich ein Geschöpf Gottes? Sind wir deshalb nicht Geschwister? Bist du nicht ein Zeichen für mich, daß Gott uns nicht vergißt, daß er für uns da ist? Ist nicht jede Rose und jedes neugeborene Kind immer wieder ein Zeichen der Hoffnung, daß Gott diese Welt nicht vergißt? Rose, schön, daß du da bist. Ich danke Gott für dich und für mich und für die ganze Schöpfung.

Spurensuche

Ihn konnte alles zur Liebe anspornen. An allen Werken des Herrn hatte er innige Freude; und alles Schöne, das sich dem Auge darbot, führte ihn zum lebenspendenden Born der Güte. Im Schönen schaute er den Schönen, und auf den Spuren, die Gott den Dingen aufdrückt hat, suchte er den Geliebten.

Bonaventura über Franziskus

4. Schwester Wolke

Um uns die gigantische Kulisse der hohen Berge in den Lechtaler Alpen: Meine Begleiter sind weitergegangen, und ich bin allein. Kein Lärm, kein Laut, kein Motorengeräusch, nur die Stimmen der Natur, das Summen und Zischen der Insekten, daß Blöken der Schafe, das Singen der

Vögel und in der Ferne das vielfältige Brüllen der Kühe, die hinter den Gattern weiden.

Stille: das ist wie das Auskosten des ewigen Ufers, wie das sanfte Streicheln des Unsichtbaren, die Berührung mit dem Unendlichen. Stille ist die Sprache der Schöpfung, ist der Geschmack des Ursprünglichen, ist die Melodie der Wüste, ist das Schweigen, das die lauten Stunden erlöst, Erfülltsein vom Unsagbaren, ist Ewigkeit im Augenblick.

Der Himmel ist überall klar und blau. Nur über einem der Dreitausender, die der Kulisse ringsum das Himmelstürmende geben, hat sich eine kleine Wolke gebildet. Zuerst ganz schwach, nur wie ein Schimmer, dann wie ein Wattetupfer, wird sie größer, gefüllter, heller. Wie ein Spielzeug sieht sie aus, wie hingeworfene Wolle, vom Hauch der Natur geatmet: Schwester Wolke, wie ein Gruß vom Himmel bist du mir. Der den Himmel gemacht hat, ist auch dein Schöpfer. Du wächst und wirst heller und breitest deine Flügel aus, weil er dich kennt und weiß, wie du werden sollst; er ist dabei, dich zu entwerfen und zu malen. Schöpferischer Augenblick, Geschenk der Stille.

Der wesenhafte Gott

Der Mensch soll sich nicht genügen lassen an einem gedachten Gott; denn wenn der Gedanke vergeht, so vergeht auch der Gott. Man soll vielmehr einen wesenhaften Gott haben, der weit erhaben ist über die Gedanken des Menschen und aller Kreatur. Der Gott vergeht nicht, der Mensch wende sich denn mit Willen von ihm ab.

Meister Eckhart

Schon immer war die Wolke ein Bild dieses Gottes, der wesenhaft da, aber nicht festzuhalten, nicht in Begriffen und Erfahrungen zu fixieren, sondern nur suchend zu finden, findend zu suchen ist im steten Überstieg, des Gottes der „dunklen Helle".

Josef Sudbrack

5. Flammendes Feuer

Es wird ein 1. Mai in den dreißiger Jahren gewesen sein. Den ganzen Tag war es warm. Abends fand die Eröffnung der Maiandacht statt. Der Chor sang eine achtstimmige lateinische Lauretanische Litanei. Unterdessen entstand ein Gewitter, so mächtig, wie ich es selten erlebt habe. Nach den Anrufungen, von einem hundertstimmigen Chor gesungen, brach dann und wann der Donner los wie eine kosmische Unterstützung unserer Andacht und Begeisterung.

Als ich schlafen gehen wollte, aus dem Fenster schaute und die würzige Luft des warmen Tages einatmete, erlebte ich das Lichtspiel im Wetterleuchten des abziehenden Gewitters.

Die Stimme des Herrn schallt über den Wassern,
der Gott der Herrlichkeit donnert,
der Herr über gewaltigen Wassern ...
die Stimme des Herrn sprüht flammendes Feuer ...
und alle rufen: o herrlicher Gott! (Ps 29).

Ein anderes Lichtspiel, das sich immer wiederholt: die Sonnenstrahlen im Wald, wenn die Grelle des Lichtes nachläßt und der rötliche Schein der untergehenden Sonne durch die Bäume und Blätter dringt. Du sitzt auf einer Bank in einem Park, schaust zum Westen durch die Kulisse von Bäumen und Blättern, durch die das Licht fällt. Oft ist es so, als ob Edelsteine funkelten. Und wenn du dich ein wenig bewegst, ändert sich auch das Muster des Lichtes. Es wirkt wie sprühende Funken, unzählig und flimmernd. Wenn du Geduld hast und dich nicht durch Termine jagen läßt, kannst du stundenlang sitzen und staunen über das vielfältige Wunder des Lichts. Wenn du es noch so oft schon gesehen hast, es ist immer wieder neu. Vielleicht lebst du innerlich von solchen Stunden der Erfahrung mehr als von Studium und Theorie. Hier rührst du an das Herz aller Dinge: „Gott ist Licht“ (1 Joh 1,5).

Vater der Lichter

„Jede gute Gabe und jedes vollkommene Geschenk kommt von oben; es steigt herab vom Vater der Lichter“; so Jakobus im ersten Kapitel seines Briefes (1,17). Dieses Wort rührt an den Ursprung jeder Erleuchtung, und zugleich wird damit das freigebige Ausströmen eines vielfältigen Lichtes aus dieser Urquelle des Lichtes angedeutet.

Bonaventura

6. Abend am Meer

Am östlichsten Punkt Brasiliens sind wir ans Meer gefahren, um uns nach anstrengenden Beratungen zu erholen. Beim Erzählen und Debattieren ist es Abend geworden. Die Dämmerung kommt. Wir gehen noch einmal ans Wasser, dessen Wellen sich unablässig am weißen Sand erschöpfen. Vier Männer ziehen eine Jangada ans Land. Wir können sie jetzt aus allernächster Nähe betrachten. Fünf bis sieben Stämme sind zusammengefügt, darauf ist ein primitiver Sitz und ein Ständer für das Segel angebracht. Der dicke Stein, der als Anker dient, wird mit Zweigen festgehalten. Mit diesem Gefährt fahren die Fischer auf die hohe See, viele Kilometer weit, so daß sie nur noch einen Kirchturm oder eine hohe Palme sehen, an denen sie durch Winkelmessung ihren Standort kontrollieren können. Was sind das für Männer, die drüben in den brüchigen Hütten wohnen?

Schnell ist es ganz dunkel geworden. Über dem Meer des Wassers, das brandet und wogt, ist die ruhige Klarheit des Sternenmeeres wie zum Greifen nahe ausgebreitet. Wie eine Fackel steigt der Jupiter hoch. Ich lege das Fernrohr an und kann den Planeten als leuchtende Scheibe sehen. Da schmiegt sich, während ich nach oben schaue, unten etwas Weiches an meine Füße. Ich bin erschrocken. Es sind drei schwarze Hunde, die wohl den Fischern dort gehören, mit denen wir uns lange unterhalten haben. Vielleicht suchen die Tiere angesichts dieser wilden Herbheit der Natur die schützende und bergende Wärme einer anderen lebenden Kreatur.

Überall bist du

Wohin könnte ich fliehen vor deinem Geist,
wohin mich vor deinem Angesicht flüchten?
Steige ich hinauf in den Himmel, so bist du dort;
bette ich mich in der Unterwelt, bist du zugegen.
Nehme ich die Flügel des Morgenrots
und lasse mich nieder am äußeren Meer
auch dort wird deine Hand mich ergreifen
und deine Rechte mich fassen.
Würde ich sagen: „Finsternis soll mich bedecken,
statt Licht soll Nacht mich umgeben“,
auch die Finsternis wäre für dich nicht finster,
die Nacht würde leuchten wie der Tag,
die Finsternis wäre wie Licht.

Psalm 139,7–12

7. *Die Höhle*

Gewiß kann der Besuch einer Tropfsteinhöhle zu einer erregenden Erfahrung werden. Zumeist aber ist man dabei von vielen Menschen umgeben und wird abgelenkt durch die wortreichen Erklärungen der Führer. Doch fast überall ist es möglich, eine kleinere Höhle zu finden und sich einmal in ihr zu einer Meditation zurückzuziehen. Wir werden feststellen, daß eine Höhle womöglich eine existentielle Wirkung ausübt, wenn wir nicht, um geologische Studien zu machen, uns dorthin begeben, sondern wenn wir uns in dieser stillen Abgeschiedenheit ohne äußere Absichten aufhalten, die feuchte Luft einatmen, das Dunkel auf uns wirken lassen, den Lichtschein von draußen wahrnehmen und die Umrisse dieser Höhle als bergende Hülle empfinden.

Das ist bei Franziskus immer wieder festzustellen: wenn er sich zurückzieht zur intensiven Meditation, wechselt er den Ort. Er bevorzugt Wälder, Berge, Seen, vor allem Felsspalten, Grotten und Höhlen, manchmal eine selbstgebaute Zelle, wenigstens aber den Mantel, der zu einer kleinen schützenden Höhle oder wie zu einer Zelle geformt wird. In den Carceri und auf dem Alvernaberg sehen wir heute noch die Höhle und die Felsspalten, wo Franziskus sich mit seinen Brüdern aufhielt: Orte der Sammlung, obwohl sie äußerlich wie etwa auf dem Alvernaberg grandios-schrecklich anzusehen sind, wie jene Felsspalte, in der er das überragende Meditationserlebnis hatte: die Einprägung der Wundmale des gekreuzigten Herrn. „Ruhig, einsam, abgeschieden, um dort für Gott ganz frei zu sein" (1 Cel 91).

Die Carceri waren die bevorzugte Einsiedelei, wo sich mehrere Brüder gern und länger zur Meditation aufhielten. Aber es gab noch viele andere Einsiedeleien, wie etwa Greccio mit der Höhle, in der er Weihnachten feierte. Beim Hinaufsteigen zu diesen Felsennestern verspüren wir etwas vom Hauch der Stille, in der Franziskus und seine Brüder in Versunkenheit beten konnten. Hier wird das Äußere zum Zeichen: Höhlen sollen bergen, bewahren, von außen nach innen führen wie ein Gesetz des Meditierens lautet, nicht um sich selbst in der eigenen Mitte zu bespiegeln, sondern um dort den göttlichen Funken zu entdecken, an dem ein neues Lebensfeuer entzündet wird.

Hat das berühmte Höhlengleichnis von Platon nicht auch die Absicht, den Menschen aus der Höhle seiner sinnlichen Vorstellungen herauszuführen, um das „seiend Wahre" schauen zu können und „in der Verähnlichung mit Gott heilig und gerecht zu werden" [22]?

Höhle

dunkel leuchtende höhle
wo wir
wärme suchen und zuflucht
bei feuer und freunden

schöne höhle du gott
in der wir
immer schon gingen
und wußten es nicht

Kurt Marti

8. Das Weizenkorn

Jeder aus unserem Kreis hatte sich ein Weizenkorn in die offene Hand gelegt. Es waren Körner der Ernte des letzten Jahres. Fast liebevoll, muß man sagen, haben wir dieses Korn betastet, immer wieder umgewendet und es meditiert. Fünf Millimeter ungefähr war es lang, drei Millimeter breit und in der Mitte hatte es eine Furche. Diese Furche: dort wird das Korn aufbrechen, wenn es in dem keuschen Schoß der Schwester Erde, unserer Mutter, wie Franziskus sie liebkosend nennt, gelegt ist und nach einer Zeit des Wartens, von der Feuchtigkeit und der Kraft des Bodens angeregt, sich öffnet. Das ist der Augenblick seines Todes, wie Jesus ihn beschreibt: „Wenn das Weizenkorn nicht in die Erde fällt und stirbt“ (Joh 12,24). Das Korn stirbt, in dem es zerfällt, aber aus dem Zerfallen wächst Leben. Zuerst klein und schwach, aber dann größer werdend, regt sich der neue Keim, er wächst und wächst, bis er eines Tages die Kruste der Erde mit einer unvorstellbaren Kraft durchbricht, das Licht der Sonne erblickt und durch die Monate hindurch wächst zum Halm und schließlich im Sommer die Ähre trägt mit dreißig oder sechzig oder hundertfacher Frucht.

Jesus spricht vom Gesetz des Weizenkorns. Dies ist die Antwort auf die Bitte „wir möchten Jesus sehen“ (Joh 12,21). Jesus weist auf die bevorstehende Stunde seiner Verherrlichung hin. Doch der Weg führt durch den Tod. Illustriert wird dieser Vorgang durch den sehr anschaulichen Vergleich mit dem Weizenkorn: Wenn es nicht in die Erde fällt und stirbt, bleibt es allein. „Wenn es aber stirbt, bringt es reiche Frucht.“ Jesus ist das Weizenkorn, das in die Erde gelegt wird, es stirbt und bringt durch seinen Tod reiche Frucht für die ganze Welt: Leben, Unsterblichkeit, ewige Vollendung.

Das Gesetz des Weizenkorns ist das Gesetz Christi, aber auch das Gesetz seiner Jünger: „Wenn einer mir dienen will, folge er mir nach, und wo ich bin, dort wird auch mein Diener sein“ (Joh 12,26). Durch die Taufe sind wir „mit ihm begraben“, um als neue Menschen „für Gott in Christus leben“ zu dürfen (Röm 6,4.10).

Was bedeutet das? Wir können nicht anders als Christen leben, als daß wir täglich sterben und auferstehen. Sterben: immer wieder muß ich mich loslassen, darf mich nicht festhalten, immer wieder muß ich Abschied nehmen von mir selbst, immer wieder nein sagen zu mir und einen kleinen Tod sterben. Auferstehen: ich darf mich neu gewinnen, darf ja sagen zu Gott und meinen Brüdern und Schwestern und zu mir, darf erfahren, daß Verzicht reich macht und beschenkt: Täglich eine kleine Auferstehung. Das Gesetz des Weizenkorns könnte man noch kürzer und gedrängter formulieren: Leben im Tod, Aufstieg im Abstieg, Reichtum in Armut, Gewinn im Verzicht, Licht im Dunkel.

Sind das nicht Wortspiele mit Paradoxen? Doch Paradoxe sind nicht nur Stilmittel der „Verfremdung". Gerade wenn es um Durchbruchserfahrungen geht, wie etwa in der Mystik, verliert der Mensch die Sprache und formuliert in Paradoxen, um das Unsagbare ins Wort zu bringen. Die Bibel ist voll davon: Wer sein Leben verliert, wird es gewinnen; die Ersten werden die Letzten sein. Nur eine Logik, die nicht mehr auf den Verstand gründet, kann das begreifen, weil ja glauben nichts anderes heißt als die Unbegreiflichkeit Gottes ein Leben lang auszuhalten (Karl Rahner).

Wird man hier nicht an Franziskus von Assisi erinnert, der in seiner Unlogik den Menschen seiner Zeit wie ein Narr vorkam, der oft unerwartet reagierte, widerspruchsvoll, provozierend und scheinbar hart. Vor allem denkt man hier an Bruder Ägidius, den Gefährten von Franziskus, der kaum lesen und schreiben konnte, der aber einer der größten Mystiker war. Wer wie er sich in tiefer Kontemplation auf das Unbedingte und Absolute einläßt, erfährt immer wieder die Paradoxie seiner Erfahrungen, in denen auf menschliche Logik verzichtet werden muß. In seinen „goldenen Worten" entfaltet er gleichsam das Gesetz des Weizenkorns vom Sterben und Auferstehen:

Wenn du gut sehen willst,
reiß deine Augen aus und sei blind.
Wenn du gut hören willst,
sei taub.
Wenn du gewinnen willst,
wisse zu verlieren.
Wenn du reich sein willst,
sei arm ...
wenn du gesegnet sein willst,
wünsche verflucht zu sein.
o, welch große Weisheit,
dies zu können! (Bruder Ägidius[23]).

Im Lied der Kreaturen, dem Sonnengesang, werden Tiere nicht erwähnt. Warum nicht? Oft habe ich mich danach gefragt. Denn Franziskus hat die Tiere geliebt. Sie waren ihm Gefährten beim Gebet, wie der Falke, der ihn weckte; oder waren Vorbild für das Gebet wie die Lerche, die sich singend zum Himmel erhebt; oder waren ihm Sinnbilder für Christus wie das Lamm, das ihn an das Lamm Gottes erinnerte, das die Sünden der Welt hinwegnimmt; oder der Wurm, mit dem der leidende Gottesknecht verglichen wird: „Ich bin ein Wurm und kein Mensch" (Ps 22,7).

Franziskus ist es in seiner mystischen Schau gelungen, in der Schöpfung nicht nur Einheit zu entdecken, sondern auch die Spuren Gottes und Christi. „Wir sind hineingestellt in diese Schöpfung, die ganz Mitteilung ist als die reinsten und schönsten Worte Gottes" (Ernesto Cardenal). Vielleicht könnte man die mit den Legenden der späteren Fioretti nazarenisch verharmloste, aber volkstümlich stilisierte Tierfreundlichkeit des Heiligen verstehen als eine Konsequenz aus seiner mystischen, auch äußerlich spürbaren Verbundenheit mit dem Schöpfer aller Dinge, die auch die Tiere erwittern und erahnen. „Daher bemühten sich alle Geschöpfe ihrerseits, dem Heiligen seine Liebe zu vergelten und sie ihm durch ihre Dankbarkeit nach Gebühr zu erwidern. Koste er, so lächelten sie; bat er, so nickten sie; befahl er, so gehorchten sie" (2 Cel 155).

In der göttlichen Wirklichkeit erlebte Franziskus die Wirklichkeit alles Geschaffenen in einer kosmischen und universalen Dimension als Kommunikation. Und das ist Mystik: „Ein Erfassen der Einheit aller Dinge, ein Gefühl der Durchdringung des Universums durch Gott."[24] Ich vermute, daß für Franziskus die Tiere so sehr zu unserer Mutter Erde gehören, daß sie nicht eigens im Sonnengesang erwähnt zu werden brauchen. In einem altmexikanischen Hymnus heißt es: „O Herr der Welt, dir singe ich. Die Welt ist gesegnet und voll Freude, dir singe ich, dem Schöpfer des Alls.“

Manche Menschen sind verliebt in Tiere, in ihren Augen, sehen sie etwa bei Katze oder Hund einen Ersatz für die menschliche „Nachbarpupille“. Nein, bei Franziskus hat die Liebe zu den Tieren eine andere Qualität. Sie sind für ihn Bild und Gleichnis, Erinnerung und lebendige Spur dessen, der alles Leben schenkt. Er kennt die Hierarchie der Werte und weiß auch, daß die Dinge ihre Tränen haben. Ein Tier wird geschlachtet, wenn ein Mensch vor Hunger zu sterben droht.

Dies vorausgesetzt, ist die Freude an den Tieren eine Freude an dem, der sie geschaffen hat. Der Schmetterling bietet mit den Farbtupfern seiner Flügel ein Schauspiel, und da er aus der Raupe hervorkommt, ist er zugleich Sinnbild für Menschen, die ganz aus der Liebe zu Gott leben: „Sie gleichen dem Schmetterling, der nach getanem Werk aus der Seidenraupe hervorschlüpft. Er nährt sich nur noch von Liebe, ohne sich um irgend etwas anderes zu kümmern“, sagt der Mystiker Francisco de Osuna[25].

Nicht nur Blumen und Sterne, Wind und Sand erzählen uns von der Kraft des Schöpfers, auch das Anschauen, vor allem das Berühren lebender Wesen ist eine Erfahrung, die manche Menschen, vor allem Kinder aus Großstädten, heute fast gar nicht mehr machen können. Die Katze mit ihrem weichen Fall, das Pferd in seiner edlen Formung, das Eichhörnchen in seiner flinken Behendigkeit werden mir erst richtig bewußt, wenn ich sie berühre und gleichsam Kontakt mit ihnen gewinne.

Ich gehöre zu denen, die sich gerne im Fernsehen Tierfilme anschauen. Sie bringen mich zum Staunen über die Art und Weise, wie Tiere reagieren, instinktiv handeln, miteinander leben. Alles ist dabei in ein wunderbares kosmisches Programm eingespannt, das auf den Schöpfer aller Dinge verweist.

Haben Tiere eine Seele, können sie sprechen? Mystiker werden antworten: Ja. Franziskus scheint sich mit den Vögeln, die seiner Predigt zuhörten, unterhalten zu haben. Sie verstanden ihn. Johannes vom Kreuz, einer der größten spanischen Dichter, singt in seinem Lied von der Nachtigall:

„Der Lüfte sanftes Wehen,
die Nachtigall im Hain mit ihrem süßen Flehen,
der Nacht verklärter Schein:
welch seliges Vergehen in Flammen ohne Pein!"

Im Frühling vernimmt die Seele die Stimme des Bräutigams, der lieblichen Nachtigall. „So wird die Seele im Innersten erfrischt und erneuert, wohl bereitet kann sie dem ewigen Leben entgegengehen, wohin die liebliche Stimme sie süß und beseligend ruft, indem sie singt:‚Steh auf meine Freundin, meine Schöne, so komm doch! Denn vorbei ist der Winter, verrauscht der Regen. Auf der Flur erscheinen die Blumen; die Zeit zum Singen ist da' (Hld 2,10–12)." [26]

Wunderbar hat er euch erschaffen

Meine Brüder Vögel! Gar sehr müßt ihr euren Schöpfer loben und ihn stets lieben; er hat euch Gefieder zum Gewand, Fittiche zum Fluge und was immer ihr nötig habt, gegeben. Vornehm machte euch Gott unter seinen Geschöpfen, und in der reinen Luft bereitete er euch eure Wohnung. Denn weder säet noch erntet ihr, doch schützt und leitet er euch, ohne daß ihr euch um etwas zu kümmern braucht.

Thomas von Celano: Die Vogelpredigt von Franziskus

10. Liebe schenkt ein neues Auge

„Ubi amor ibi oculus: Liebe schenkt ein neues Auge, sagt Hugo v. St.-Viktor, der Mystiker des 12. Jahrhunderts, der auf Bonaventura und die Franziskanerschule Einfluß ausübte. Wie verändert sich der Blick, wenn er aus der Liebe kommt! Liebe verwandelt. „Hast du, hast du nicht gesehen, wie sich alles drängt zum Leben? Was nicht Baum kann werden, wird doch Blatt; was nicht Frucht kann werden, wird doch Keim!" (Johann Gottfried Herder).

Vom russischen Pilger, der aus der Kraft des Jesusgebetes lebt, heißt es[27], daß er mitunter siebzig Werst am Tage wandert, er fühlt gar nicht, daß er geht, kümmert sich um nichts und erfährt innere Zufriedenheit und Freude. Er pilgert zunächst durch „lautlose Wälder", Feldwege und Dörfer, erfährt, daß Herz und Verstand nicht dasselbe sind, und zieht voll Freude, wandernd und betend und oft in mystischer Versunkenheit von einem Ort zum anderen.

Das Jesusgebet hat den Pilger umgestaltet. Es bringt ihn in eine neue, liebevolle Beziehung zu den Menschen, die er auf seiner Wanderung trifft. Sie werden ihm so lieb und nahe, „als seien sie meine Verwandten". Es ist dieselbe universale Kommunikation, die wir bei Franziskus von Assisi feststellen: Innigste Gemeinschaft mit Gott führt zur innigen Gemeinschaft mit den Menschen und mit allen Kreaturen. Die ganze Umgebung stellt sich dem Pilger in „entzückender Gestalt" dar und er lernt die Sprache der Kreaturen verstehen, wie Franziskus. Beim Beten und Meditieren geht es nicht um Abwendung, sondern um echte Zuwendung zur Wirklichkeit dieser Welt. Sie vertiefen die Erlebnisfähigkeit, sie machen hellhörig und aufmerksam.

Bei Franziskus beobachten wir, daß er in seinem Lied der Kreaturen die positiven lichtvollen Eigenschaften der Dinge zum Klingen bringt. Feuer kann verzehren und zerstören, Wasser kann verwüsten, und was das Wetter angeht, weiß jeder, daß Regen, Sturm und Gewitter furchtbare Folgen haben können. Doch Franziskus freut sich daran, daß alle Dinge der Schöpfung angenehme Seiten haben und dafür dankt er. In der Wetterstrophe erwähnt er den heiteren Himmel, am Wasser sieht er, daß es nützlich und kostbar ist, und Bruder Feuer erleuchtet ihm die Nacht und ist „schön und liebenswürdig und kraftvoll und stark". „Man müßte wenigstens täglich ein gutes Gedicht lesen, ein schönes Gemälde sehen, ein sanftes Lied hören, um auch den schöneren, den menschlicheren Teil unseres Wesens zu bilden" (Heinrich von Kleist).

Gewiß hängt unsere Erfahrung der Natur auch von unserem Charakter ab. Ein melancholisch Veranlagter wird mehr die Tränen der Dinge sehen und schwermütiger empfinden als der sprudelnde Sanguiniker. Doch ist es gut, sich einzuüben in die positive Sicht der Dinge, und dazu verhilft uns die Liebe, die uns ein neues Auge schenkt.

Mysterium

Die Seele der Dinge
läßt mich ahnen
die Eigenheiten
unendlicher Welten

Beklommen
such ich das Antlitz
eines jeden Dinges
und finde in jedem
ein Mysterium

Geheimnisse reden zu mir
eine lebendige Sprache

ich höre das Herz des Himmels
pochen
in meinem Herzen

Rose Ausländer

Seinsfühlung nennen Fachleute das Ziel der Meditation: Sich öffnen für die Wirklichkeit. Manche meinen, sie könnten wohl einem Gedicht, einem Bild, einem Bibeltext oder den schönen Dingen der Schöpfung, wie sie im Sonnengesang angesprochen werden, etwas Tieferes abgewinnen. Aber die harte Wirklichkeit der Arbeit? Wenn ich acht Stunden am Tag an der Schreibmaschine sitze oder in einem Kaufhaus mit den Kunden verhandle oder in einer Werkstatt Autos reparieren muß? Die sympathische spanische Mystikerin Teresa sagte einmal in ihrer kraftvollen Sprache zu einer Küchenschwester, die nur unwillig ihren Dienst versehen wollte: „Wenn du den lieben Gott nicht in der Pfanne hast, dann hast du ihn überhaupt nicht!“ [28] Oder anders: „Gott ist auch zwischen den Kochtöpfen.“

Wem diese Bemerkungen dieser Mystikerin rätselhaft oder unwirklich vorkommen, der müßte sich jenes schon zitierte Wort von Hugo v. St.-Viktor nochmals bewußtmachen: Die Liebe schenkt ein neues Auge. Seinsfühlung und Seinserfahrung sind für die Arbeit, die wir tun wollen, sollen oder müssen, nur möglich mit dem Auge der Liebe. Zum Beispiel, wenn die Mutter am Herd steht und für ihre Familie das Essen bereitet. Sie kann sehr viele physische Anstrengungen machen müssen, sie kann im Sommer ins Schwitzen geraten, sie kann unter Zeitdruck stehen, doch könnte der Gedanke: „Das ist für meine Familie“ ihr gleichsam die Flügel geben, mit denen sie über die Schwierigkeiten der Arbeit hinwegkommt.

Meditationsfachleute würden noch folgende Ratschläge geben, die aber nur für bestimmte Fälle gültig sind: Den eigenen Zustand sich ruhig und vorurteilslos klarmachen; sich auf den Atem konzentrieren, der das Element der Entspannung ist, und sich bewußt machen, daß wir ein Teil des Ganzen sind [29].

„Jede Hinwendung von Herz und Hirn zu Gott bei allem, was man tut, ist bereits Gebet“ (Theophanos der Eremit).

Nicht nur Ordensleute: Mönche, die das Land bestellen und das Vieh versorgen, oder Ordensfrauen, die im Krankenhaus ihren aufreibenden Dienst tun, haben dies erfahren, sondern auch viele Männer und Frauen, bei denen die Arbeit in der Küche, im Büro, in der Werkstatt, in der Studierstube oder auf dem Lande zum Gebet wurden durch das Offensein für Gott.

Meine Mutter hat für sich selbst eine schlichte Formel gefunden, um Gebet und Arbeit zu verbinden, ja zu einem Grundakt des Lebens zu machen: „Arbete"! So sagte sie in einer sprachlichen Neuschöpfung. Ich erinnere mich gut an meine Kindheit, wenn die Mutter für ihre zehnköpfige Familie zum Abendessen rief. Bis daß sich alle versammelt hatten, vergingen etwa zehn Minuten, die sie oft am Fenster sitzend verbrachte, ihre Hände in den Schoß legte, die Augen unverwandt durch das Fenster in den Hof mit dem Garten schauend. So wartete und betete sie. Später habe ich sie einmal daraufhin angesprochen. Sie sagte, daß dies kostbare Minuten der Sammlung und des inneren Gebetes gewesen seien, die ihren oft so harten Arbeitsalltag in die Perspektive der Unendlichkeit vor Gottes Angesicht brachte.

Der Schöpfer

Der Erde gehören die vier Richtungen des Raums. Auf ihr wächst Nahrung: der Ackermann müht sich darauf. Sie trägt alles, was atmet und sich bewegt.

Erde, möge sie uns Vieh und Nahrung in Fülle gewähren.

Atharva-Veda

Die Wesen alle warten auf Dich,
daß Du ihnen Speise gebest zur rechten Zeit.
Spendest Du ihnen, so lesen sie's auf,
öffnest Du Deine Hand, sind sie mit Gutem gesättigt.

Psalm 104

V.
Im Blick der Nachbarpupille
Menschen auf dem Wege

1. Bruder Mensch

Was uns an der Schöpfung am meisten betroffen machen und zugleich faszinieren kann, ist der Mensch. Der Mensch ist seiner Einmaligkeit als Mensch, als Einheit von Leib, Seele, Geist, unverwechselbar, unaustauschbar, unveräußerlich und doch nahe und vertraut: Bruder Mensch. „Jenes überaus kostbare Gefäß, in dem der himmlische Schatz verborgen liegt" (1 Cel 98). Der Mensch in seiner Kostbarkeit, nicht verstellt und entstellt, sondern aufgehoben in seinem tiefsten Geheimnis, unberührt in seiner Schönheit, die im Grunde, trotz aller wechselnden Formen menschlicher Gestalt etwa des Menschengesichtes und trotz aller Verschiedenartigkeit des seelischen Empfindens und Reagierens, gleich ist vom Kind bis zum Greis, vom Gesunden bis zum Kranken, vom Schönen bis zum Aussätzigen. Wie vielen Menschen sind wir auf unserem Wege begegnet! Mutter, Vater, Ehepartner, Kinder, Geschwister, Freunde, Kollegen, Nachbarn und die vielen, die wir nach einer Augenblicksbegegnung nie wieder gesehen haben. Ich glaube, jeder Mensch hinterläßt eine Spur auf unserem Wege.

Als wir als Kriegsgefangene in Rußland durch ein größeres Dorf in unsere Notquartiere getrieben wurden, waren die vielen Leute an unserem Wege aufgebracht: Wir waren es ja gewesen, die den Krieg mit den unendlich vielen Toten angezettelt hatten. Einige bespuckten uns. Doch da stand am Wege eine alte Frau mit dem Kopftuch, selbst ausgezehrt, mit eingefallenen Wangen. In der Hand hielt sie einen kleinen Sack. Und jedesmal, wenn der Posten wegschaute, warf sie einen Apfel in die Viererreihe der Gefangenen. Keiner durfte sich bücken, wenn ein Apfel hingefallen war, sonst wäre er bestraft, vielleicht erschossen worden. Doch trotz der Gefahr griff die Frau immer wieder in die Tasche und warf und warf. Als ich auf der Höhe der Frau war, sah ich, wie sie ein großes russisches Kreuz schlug und einen Apfel warf. Ich fing ihn auf und aß ihn begierig, da ich Hunger hatte, doch so, als wäre es eine Hostie.

Den Blick der Frau werde ich nie vergessen. Als ich später das Gedicht von Rose Ausländer kennenlernte, habe ich an viele Menschen gedacht, die mit ihrem liebevollen Blick mein Leben begleitet haben, vor allem aber an diese Frau:

Verschmerzen

Schön
wenn der verwundete Mensch
seine Narben
verschmerzt

sich gesellt
zum stillen Stein
zum beredten Wasserfall

und sich erkennt
im Blick der
Nachbarpupille.

Rose Ausländer

2. *Die Schwester*

Franziskus war nicht verheiratet und lebte in Ehelosigkeit um des Himmelreiches willen. Hart mußte er oft um sie kämpfen, denn er war keineswegs frei von Anfechtungen.

Einige wenige Frauen spielen in seinem Leben eine so bedeutende Rolle, daß durch sie sein Gehen in den Fußspuren Christi einen dynamisch-schöpferischen Zug bekommt. Wenn Franziskus träumend meditiert oder in Visionen sein Leben überschaut, steht oft eine Frau vor ihm, strahlend vor Schönheit, etwa die Berufung oder die Frau Armut (2 Cel 82).

Franziskus hat seine Brüder darauf hingewiesen, wie sie in rechter Weise sich gegenüber Frauen verhalten sollten, z. B., daß sie die Klausur der Schwestern nicht betreten. Er hielt sich selbst streng daran. Doch mit einer Frau verband ihn eine mystische Freundschaft, die Filmemacher und Schriftsteller in gleicher Weise fasziniert hat, obwohl es sich nicht, wie manche meinen, um eine Liebesaffäre gehandelt hat. Doch es ging um Liebe: ihre Liebe war herzlich und beherzte Wirklichkeit, mit dem Ernst nüchterner Konsequenz, aber sie spielte sich in der Tiefe eines unmeßbaren mystischen Grundes ab. Dort trafen sich beide in der gemeinsamen Liebe zu Christus, zu der jeder den anderen motivierte, und in der jeder zugleich Maß und Fülle fand.

Klara muß eine schöne Frau gewesen sein, nicht im Sinne modischer Zufallseleganz, sondern im Sinne der Schönheit, die von innen lebt. Die Legenden, die später entstanden sind und sich um das Leben von Franziskus ranken, sind keine Geschichte, aber sie deuten Geschichte. Die Freundschaft zu Klara kommt in dichterisch hoher Form in dieser Legende zum Ausdruck: In einer Vollmondnacht beugte sich Franziskus über einen Brunnen, um Wasser zu trinken. Was sieht er im Wasserspiegel? Nicht das Gesicht von Bruder Mond, auch nicht sein eigenes Gesicht, sondern das Gesicht von Schwester Klara [30].

Diese Liebe, nicht leiblich, aber auch nicht rein geistig; diese Zuneigung, ein Konvergieren der Wünsche, Hoffnungen, Erwartungen; diese Freundschaft, mystisch und intuitiv, das Wesentliche schauend, schenkt sie dem einen in dem anderen die eigene Identität, ohne die letzte Bindung beider an den Jesus des Evangeliums zu schmälern.

„Die Zeit, die du für deine Rose verloren hast, sie macht deine Rose so wichtig."

„Die Zeit, die ich für meine Rose verloren habe ...", sagte der Kleine Prinz, um es sich zu merken.

„Die Menschen haben diese Wahrheit vergessen", sagte der Fuchs.

„Aber du darfst sie nicht vergessen. Du bist zeitlebens für das verantwortlich, was du dir vertraut gemacht hast. Du bist für deine Rose verantwortlich ..."

Antoine de Saint-Exupéry

3. Der Bruder

Ein reiches und gefülltes Wort: Bruder. Doch wie oft ist es heute und früher pervertiert worden, wenn etwa von brüderlicher Hilfe gesprochen wird und dabei gemeint ist, daß ein Volk von dem anderen mit Waffengewalt unterdrückt wird. Oder Freiheit, Gleichheit, Brüderlichkeit: die im Grunde so christlich geprägten Begriffe der Französischen Revolution. Sie sind mit der Gewalt der Guillotine erzwungen worden.

Für Franziskus ist „Bruder" ein Schlüsselwort. Es ist der Bruder Christus, der ihn im Evangelium fasziniert. Daraus ergibt sich die Konsequenz einer ganz neuen Gemeinschaft, in der es keine Machtbereiche und hierarchischen Strukturen gibt: Jeder ist Bruder, weil Christus unser Bruder wurde, wenn er auch zugleich unser Meister ist. Diesen Brudernamen hat Franziskus meditiert und ihn von Jesus her auf alle seine Brüder ausgeweitet, nicht nur dem Namen nach. Der Kranke, der Furchtsame, der Hungernde, der Sündige, diese sind ihm besonders nah und lieb. „Es darf keinen Bruder auf der Welt geben, mag er auch gesündigt haben, so furchtbar er nur konnte, der deine Augen gesehen und dann von dir weggehen müßte ohne dein Erbarmen ... lieb ihn mehr als mich", so schreibt Franziskus an einen Oberen. „Der Bruder, vom Bruder gestützt", das ist seine Vision von Brüderlichkeit (2 Cel 33).

Ob das Modell der Brüderlichkeit, das Franziskus für seinen Orden vorschwebte, nicht auch Bedeutung für die Gemeinschaft der ganzen Kirche haben könnte und müßte? Gewiß kann die Kirche insgesamt nicht so sein wie Franziskus, nicht einmal der Orden der Minderbrüder kann es, wie die Geschichte des Ordens mit seinen manchmal tragischen Verstrickungen in unevangelisches Streben nach Macht, Reichtum und unbrüderlichem Vorrang-Denken beweist. Dennoch ist der Brudername und -begriff für die gesamte Kirche Schlüsselwort und Motiv für ständige Reform. Dadurch könnte der Kirche in der Welt von heute ein Freiheitsraum geschaffen werden, befreit vom inneren und äußeren Ballast, vom schwerfälligen menschlichen Apparat übertriebener Verwaltungstechnik und von überhitzten hierarchischen Machtstrukturen, kurz eine Zone evangelischer Freiheit im Namen des Bruders Jesus: „Einer nur ist euer Meister, Christus, ihr alle seid Brüder!" (Mt 23,8).

Allen war Franziskus Bruder. Mit einem von ihnen hat er sich besonders verbunden gefühlt: Leo, der sein Beichtvater und Sekretär war. Dieser muß ein freundlicher und intelligenter, aber auch besorgter Mensch gewesen sein, etwas ängstlich. Franziskus ahnte das und schrieb Leo einen Brief, der mit seinem holprigen Latein – Franziskus schrieb ihn selbst, da sein Sekretär ja diesmal der Adressat war – ein sehr persönliches Dokument der Freundschaft ist: „Bruder Leo, dein Bruder Franziskus wünscht Dir Heil und Frieden. So rede ich zu Dir, mein Kind, wie eine Mutter ..."

Sehr konkret wird diese brüderliche Freundschaft zwischen Franziskus und Leo auf dem Berge Alverna, als der Heilige die Wundmale empfangen hatte. Man beachte die Gelegenheit: Es war die höchste Erfahrung der Nähe Gottes in Christus, die Franziskus in seinem Leben machen durfte. Leo ist hier sein vertrauter Begleiter. Dieser wird von Versuchungen gequält. Es tut sich ihm ein innerer Abgrund auf, er fühlt sich in Frage gestellt und sucht Trost und Klärung bei Franziskus. Dieser ahnt es und „ließ sich Tinte, Feder und Papier bringen. Und mit eigener Hand schrieb er ein Loblied auf Christus nieder, wie es sich der Bruder gewünscht hatte, und an den Schluß setzte er das Zeichen Tau“ (Fioretti, Betrachtung über die Wundmale, vgl. 2 Cel 49)[31].

Auf das Papier ließ Franziskus das bekannte in dieser begnadeten Stunde entstandene Loblied schreiben. Es steht auf der einen Seite des Dokumentes. Welch eine Wendung nun von Gott zum Menschen, von der Erfahrung Gottes im „Sakrament der Wundmale“ zur Erfahrung Gottes „im Sakrament des Bruders“, „vom Du Gottes zum Du des Bruders“ (L. Lehmann). Auf der Rückseite findet sich der Segen für Bruder Leo, ein Zeichen der zärtlichen brüderlichen Zuwendung zu dem Freund, dem er durch diesen Gruß innere Sicherheit geben wollte. Es handelt sich um den Segen Aarons über das Volk Israel (Num 6,24–26).

Unter dem Text des Segens ist von Bruder Leo mit roter Tinte hinzugefügt: „Der selige Franziskus hat diesen Segen mit eigener Hand für mich, Bruder Leo, geschrieben. Ebenso verfertigte er dieses Zeichen Tau mit dem Kopf mit eigener Hand.“ Ein Meditationsbild für den Freund: Die Worte des Segens, darunter in der Farbe des Blutes und der Liebe das Kreuz in der Form des griechischen Buchstabens. Das Kreuz geht durch den Namen Leo hindurch bis zur Stirn des Kopfes. Dieses Meditationsbild sollte für Leo heißen: Hab Vertrauen, der Herr ist mit dir, denn du bist gezeichnet von seinem Kreuz, durch das du gerettet bist.

Ich verstehe den Ursprung der Brüderlichkeit der Menschen. Die Menschen waren Brüder in Gott. Man kann nur innerhalb einer Einheit Bruder sein. Wenn es kein einendes Band für sie gibt, sind die Menschen nebeneinander gestellt und nicht miteinander verbunden ...

Meine Kultur, ein Erbe Gottes, hat die Menschen zu Brüdern im Menschen gemacht.

Antoine de Saint-Exupéry

4. Der Aussätzige

Bruder Mensch ist nicht nur die Schwester, der Bruder, der Freund, der Fromme, der Sünder, sondern auch der Häßliche, der Entstellte, der Kranke. Wenn Franziskus am Ende seines Lebens in seinem Testament, das er kurz vor seinem Tode schrieb, sein Leben meditiert, dann stellt sich zuerst die Erinnerung an ein Ereignis ein, das ihn zutiefst geprägt hat: wie er in einem Kranken gleichsam Christus umarmte. Die Begegnung mit dem Aussätzigen war für ihn zeit seines Lebens von höchster Bedeutung. In ihm erkannte er den Bruder Christus wieder.

Seither sind die Armen, Kranken, Schwachen, besonders die Aussätzigen seine erklärten Lieblinge. Franziskus hat sie als die bevorzugten Brüder Christi wieder neu in die Kirche eingeführt, gleichsam sie „hoffähig" gemacht. Alle, die in den folgenden Jahrhunderten sich auf Franziskus berufen, orientieren sich am Bild des Aussätzigen, meditieren es im Gebet und schöpfen daraus Kraft für ihren Dienst an den Kranken, Armen, Weisen und Verstoßenen. Nur jene Meditation ist legitim christlich, die Kraft für den Dienst der Fußwaschung gibt: Wie bei Elisabeth von Thüringen, Maximilian Kolbe und bei der Krankenschwester, von der ein Patient sagte: „Wenn diese Schwester unser Zimmer betritt, ist es mir, als ob die Sonne aufginge."

Und die Kranken selbst: wie kann man von ihnen lernen, weil sie gelernt haben, Nebensächliches abzuschütteln und das Tiefste und Wesentlichste zu erfahren. Vor einer Fastenpredigt saß ich in der Sakristei, um mich zu besinnen, da öffnete sich die Tür, und herein kam ein Fahrgestell mit einem breiten Bett, auf dem ein Polster angebracht war. Ein junger Mann und eine ältere Frau schoben dieses Fahrzeug. Zunächst sah ich nur wenig, weil das Gegenlicht aus dem Eingang blendete. Doch dann stellte ich fest, daß auf dem Bett eine etwa dreißigjährige Frau lag, völlig gelähmt und verbogen. Sie hatte überhaupt keine Gewalt über ihren Körper, nur die Finger der linken Hand und den Mund konnte sie bewegen, sie lag nicht ausgestreckt, sondern war gekrümmt, so daß die Beine zur Seite hingeboren waren. Sie war von einer Decke zugedeckt, aber als sie in der Sakristei angekommen war, zog der junge Mann die Decke ein wenig zurück, so daß ich die Gestalt deutlicher sehen konnte. Die ältere Frau fragte mich, ob diese Gelähmte die Fastenpredigt in der Sakristei durch den Lautsprecher mithören könnte. Ich bejahte gerne, und in meiner Unerfahrenheit ergriff ich einfach die Hand der Kranken, die eine, deren Finger sie bewegen konnte, und begrüßte sie. Jetzt sah ich, daß der Körper zwar entstellt, verbogen und gelähmt war, ohne jede Proportion, daß ihr Gesicht aber von einer faszinierenden herben Schönheit war: große Augen, schmaler Mund, vor Erregung rote Wangen. Tief beugte ich mich über sie und fragte, wie es ihr gehe. Ich werde die Antwort nie vergessen: „Danke gut, Gott hat mir alles gegeben, was ich brauche."

So hat der Herr mir, dem Bruder Franziskus, gegeben, das Leben der Buße zu beginnen: denn als ich in Sünden war, kam es mir sehr bitter vor, Aussätzige zu sehen. Und der Herr selbst hat mich unter sie geführt, und ich habe ihnen Barmherzigkeit erwiesen. Und da ich fortging von ihnen, wurde mir das, was mir bitter vorkam, in Süßigkeit der Seele und des Leibes verwandelt. Und danach hielt ich eine Weile inne und verließ die Welt.

Franziskus von Assisi, Testament

5. *Der Moslem*

Wir leben heute mit vielen Ausländern zusammen. Das verlangt von uns Eingehen auf ihre Gebräuche und Gewohnheiten und ein reiches Maß an Verständnis und Wohlwollen. Oft fehlt es daran, und nicht wenige meinen, daß Umgang mit zu vielen Ausländern dem eigenen nationalen Empfinden schaden könnte.

Aber wie bereichert wird unser Leben, wenn wir uns nicht nur theoretisch mit anderen Kulturen und Ländern beschäftigen, sondern mit den Menschen dieser Länder zusammenkommen, ja zusammenleben. Hat nicht einseitiges Verurteilen anderer Völker, etwa der Juden, zu den schlimmsten Verbrechen an ihnen geführt? Verständnis ist der erste Weg zur Verständigung. Die Kirche hat sich im 13. Jahrhundert verpflichtet gefühlt, gegen die Moslems zum Krieg aufzurufen, damit die Heiligen Stätten im Heiligen Land befreit würden. Heute sehen wir ein, daß diese Kriege dem Anliegen Christi zuwider waren. Die Christenheit muß sich ihrer schämen.

Wie interessant ist es festzustellen, daß Franziskus von Assisi den allgemeinen Trend: gegen die Moslems, gegen die Ungläubigen nicht mitgemacht hat. Er muß eine weite innere Einstellung gehabt haben. Es wird nur summarisch berichtet – nähere Einzelheiten wissen wir nicht –, daß Franziskus sich ohne die Zustimmung des päpstlichen Nuntius, Erzbischof Pelagius, entschlossen hat, nicht nur das Morden an den Moslems nicht mitzumachen, sondern daß er sich entschloß, zu den Moslems hinzugehen.

1219 während des fünften Kreuzzuges reiste er ins Heilige Land, und es gelang ihm, in Syrien zum Sultan Melek-el-Kamel vorgelassen zu werden. „Obgleich damals täglich zwischen Christen und Ungläubigen Kämpfe stattfanden, fürchtete er, auf den Herrn vertrauend, nicht, vor den Sultan zu treten, trotz der offensichtlichen Gefahr ... Der Sultan empfing ihn wahrlich mit sehr großer Ehre und bot ihm viele kostbare Geschenke an. Als aber der Heilige Gottes diese, als seien sie Schmutz, abwies, war besagter Sultan über ihn, der anders als alle anderen war, noch mehr erstaunt und hörte mit noch größerer Sorgfalt auf seine Worte.“ [32]

Dieses Ereignis im Leben von Franziskus ist geheimnisumwoben. Wir wissen nur wenig. Doch kann man zwischen den Zeilen lesen: Hier geht ein Mann unbeirrt seinen Weg durch die feindlichen Linien hin zu den Moslems, die von allen anderen Christen verfolgt und wenn möglich getötet werden. Selbst der Erzbischof rät ab. Aber Franziskus geht seinen Weg, wie so oft, „weil der Herr es ihm offenbart hatte“. Welch eine Weite offenbart hier sein Verhalten! Nicht verengter Nationalismus, nicht fanatischer Glaubenseifer, der das Gute bei anderen übersieht, treibt ihn, sondern die Liebe Christi. Er hat den Sultan nicht bekehrt, aber dieser hat freundlich zugehört und ihn, den „Feind“, nicht getötet, sondern sogar beschenkt.

Doch die großherzige Art von Franziskus ist noch erstaunlicher. Bei den Moslems hat er eine große Ehrfurcht vor Gott bemerkt. Aufmerksam hat er die Art und Weise zu beten bei ihnen beobachtet, wenn die Muezzin von den Minaretts der Moscheen die Gebetszeiten verkündeten und das Volk sich andachtsvoll niederwarf. In mehreren Briefen an die Lenker der Völker und an die Oberen seines Ordens bemüht er sich nach seiner Rückkehr, islamisches Brauchtum, das ihn im Orient so sehr beeindruckt hatte und das ihm gut und sinnvoll erschien, ins christliche Abendland zu übertragen[33]. Er fordert die Adressaten auf, dafür zu sorgen, daß Gott beim Läuten der Glocken angebetet wird: „Bereitet doch dem Herrn unter dem euch anvertrauten Volk so große Ehre, daß an jedem Abend durch einen Herold oder durch irgendein anderes Zeichen angesagt werde, das ganze Volk bringe Gott, dem allmächtigen Herrn, Lobpreis und Dank dar.“ Wie oft haben wir uns abgesondert, abgeschirmt und abgesichert gegenüber anderen, die anderer Meinung sind. Könnten wir, die wir alle die Kirche sind, nicht von Franziskus lernen, daß Hinhorchen und Eingehen auf andere reich macht? Könnte so die Kirche nicht weiter, herzlicher, aufgeschlossener und toleranter werden?

6. Wie die Kinder

Von den Kindern können wir lernen. Ja von ihnen müssen wir lernen, denn Jesus läßt keine Wahl, wenn er Bekehrung mit Kindwerden gleichsetzt: „Da rief er ein Kind herbei, stellte es in ihre Mitte und sagte: Amen, das sage ich euch: wenn ihr nicht umkehrt und wie die Kinder werdet, könnt ihr nicht in das Himmelreich kommen. Wer so klein sein kann wie dieses Kind, der ist im Himmelreich der Größte“ (Mt 18,1–4).

Das Kind galt zur Zeit Jesu als unfertiger Erwachsener und spielte in der Gesellschaft keine Rolle. Heute leben wir zwar im „Jahrhundert des Kindes“, aber wie viele sorgen nur für sie, „damit sie es besser haben sollen als wir“.

Für Christen ist es gut, auf Kinder zu schauen. Ich tue es sehr gerne und freue mich, wenn ich Zeit habe, ihren Spielen zuzusehen. Ist das nicht eine Herausforderung an uns, wenn wir Erwachsene, die Fertigen, Klugen, Tüchtigen und Vollkommenen hören, daß es keine andere Bekehrung gibt als „werden wie ein Kind“? Jesus meint nicht, kindliche Manieren anzunehmen sei hier gewünscht. Nein, wir lachen über Erwachsene, die sich kindisch benehmen. Hier ist die positive Haltung eines Kindes gemeint: das Urvertrauen, die Offenheit, das Verlangen nach Geborgenheit. Vom spielenden Kind, das den Sand durch die Finger laufen läßt, als ob es Diamanten wären, können wir lernen, wie man sich beschenken läßt. So sollen wir vor Gott stehen: mit leeren Händen, offen und bereit wie ein Kind, das selbst nach einer Strafe wieder voll Vertrauen zu den Eltern kommt und seine Hände ausstreckt.

Schaukelspiel

Es waren da zwei Knaben, die sich mit dem Schaukeln belustigten, derart, daß sie quer über einen Balken einen anderen gelegt hatten, jeder stand auf seinem Ende, und so wippten sie auf und nieder. Bruder Ginepro geht hin, holt einen der Knaben von seinem Balken herunter, steigt selbst drauf und beginnt zu schaukeln. Unterdessen sammeln sich die Leute, und wenn schon in Verwunderung über das Schaukelspiel des Bruders Ginepro, begrüßen sie ihn mit aller Ehrfurcht. Und sie warten, ob er das Wippen enden würde, um ihm in Ehren bis zum Kloster das Geleit zu geben. Aber Bruder Ginepro kümmert sich wenig um ihre Begrüßung, ihre Verehrung und ihre Erwartung, sondern wippte eifrig weiter. Wie sie nun lange Zeit so warteten, begann es einige zu langweilen, und sie sagten: „Was ist er doch für ein großes Schaf!“ Andere, die seine Art kannten, verfielen in noch größere Verehrung. Nichtsdestoweniger machten sich alle davon und ließen Bruder Ginepro auf seiner Schaukel.

Fioretti, Leben des Bruder Ginepro, 9

7. *Ein tiefes Geheimnis*

Wenn im Epheserbrief 5,28 von ehelicher Liebe gesprochen wird, sagt Paulus: „Dies ist ein tiefes Geheimnis. Ich beziehe es auf Christus und die Kirche." Man muß wohl eine große Feinfühligkeit aufbringen, um das Bild Christus und Kirche und eheliche Liebe zwischen Mann und Frau zu begreifen. „Darum wird der Mann Vater und Mutter verlassen und sich an seine Frau binden, und die zwei werden ein Fleisch sein."

„Die Liebe ist das Größte." Gott sei Dank, die Erfahrung von Liebe und Glück aus der Liebe und in der Liebe gehört zum Menschen auch heute, wenn sie auch oft verblaßt und entstellt ist. Zuerst ein zartes Aufquellen in Sympathie und Zuneigung; die Gedanken beschäftigen sich mit dem Freund oder der Freundin; die Hände tasten, um zu berühren, zart, herzlich, scheu und dann mit Kraft und vitaler Innigkeit. Sich hinwenden zum anderen in Liebe und Freundschaft ist im Grunde auch eine Erfahrung von Transzendenz. Ich muß über mich hinüberschreiten zum Du. Und das menschliche Du kann transparent werden für das göttliche Du. Erfahrung von Freundschaft kann bereit machen zur Erfahrung der Freundschaft mit Gott: „Gott, du verläßt mich nicht, wenn Vater und Mutter mich auch verlassen, du nicht. Du umfängst mich von vorne und von hinten, wenn ich schlafe oder wache, wenn ich stehe oder sitze, du bist bei mir."

Da die Liebe das Größte ist, ist sie ein Synonym für Gott: „Gott ist Liebe" (1 Joh 4,10). Aber gerade, daß die Ehe mit der Liebe Christi zur Kirche verglichen wird, macht deutlich, daß Liebe keine Romantik ist, sondern den Weg durch das Kreuz mit einschließt. „Gott schenkt eine schmerzliche Liebe", sagt die moderne Mystikerin Simone Weil. „So sehr hat Gott die Welt geliebt, daß er seinen einzigen Sohn hingab" (Joh 3,16). Das Kreuz ist das tiefste Symbol für Liebe, weil Liebe beide Seiten des Kreuzes umfaßt: Leiden, Sterben, Auferstehen, Leben.

Im alltäglichen Leben: Wie oft gibt es gerade unter denen, die sich gern haben und lieben, das Leiden an dem Anderssein des anderen im Charakter, in der Lebensgeschichte, im Temperament, im Empfinden und Fühlen. Und doch, immer wieder auf den anderen zugehen und ihn so nehmen, wie er ist, das ist das, was die Liebe zum Kostbarsten macht. Der eine soll sich immer wieder im anderen finden und sich in seiner Tiefe wiedererkennen: „Die Liebe schenkt ein neues Auge."

Sprache der Liebe

Ich weiß, Herr, daß die Weisheit keine Antwort ist, sondern Heilung der Sprachnot ... Ich kenne die Liebe, in ihr stellt sich keine Frage mehr. Und nach und nach, von einem bezwungenen Widerspruch zum nächsten, gehe ich dem Schweigen der Frage und so der Seligkeit entgegen.

Antoine de Saint-Exupéry

8. Im Antlitz des Todes

Als der Schlamm an der Ostfront in Rußland sich wie eine Katastrophe auswirkte, versuchte ich mich auf einem verlassenen Lastwagen, der mitten im Morast stand, hinzusetzen, um etwas zu verschnaufen. Beim Näherkommen hörte ich schon von weitem, wie eine kräftige, schöne Einzelstimme die Choralmelodie sang: „Requiem aeternam dona eis, domine" (Herr, gib ihnen die ewige Ruhe und das ewige Licht leuchte ihnen). Es waren die unendlich vielen Toten, die in jenen Jahren unseren Weg begleiteten. Als ich näherkam, stimmte ich schon von außen in die Melodie ein und setzte mich in die Nähe des fremden Soldaten, und wir sangen beide die Melodie zu Ende. Ich habe den jungen Mann nie wiedergesehen, aber diese wenigen Minuten haben uns miteinander verbunden in der gläubigen Gewißheit, daß Tod nicht das Letzte ist. Er ist Übergang, Pforte, Verwandlung, nicht der Schlußpunkt, sondern ein Weg, der hinführt auf die andere Seite unseres Lebensweges.

Als meine Mutter starb, befand ich mich gerade im Ausland und wurde telegraphisch verständigt. Am Abend vor der Beerdigung kam ich an. Man hatte den Sarg noch nicht verschlossen. Ich ging in das Zimmer, wo die Mutter aufgebahrt war, und blieb eine halbe Stunde allein bei ihr. Da ich sie sehr geliebt, geschätzt und verehrt habe, war es eine herzliche Zwiesprache. Nichts von Furcht und Trauer beherrschte diese Stunde. Immer wieder werde ich mich an diese letzte Begegnung erinnern:

„Der Tod, das ist die uns zugewandte Seite jenes Geheimnisses, das wir Auferstehung nennen" (Romano Guardini).

Das Ende der Bibel

Das aber lenkt unseren Blick zurück auf die Abschiedsstunde. Dieser Abschied führt zwar ins Sterben, ist aber dennoch nicht endgültig, weil Auferstehung und Geistsendung folgen werden. Im letzten Buch des Neuen Testaments, der Offenbarung des Johannes, lautet der letzte Satz: „Komm, Herr Jesus!" (Offb 21, 20). Das ist kein Zufall, sondern der beste Beweis dafür, wie sehr der christliche Glaube auf Zukunft, auf Hoffnung hin ausgerichtet ist. Die ganze Bibel endet mit den kurzen Worten: Komm, Herr Jesus!

Hans-Josef Klauck

Gibt es viele Gelegenheiten, wo sich Menschen näher kommen können als beim Spiel? Auch unter Erwachsenen? Schade, daß die voraufgegangene Generation seit der Zeit der Aufklärung zu einem großen Teil das Spielen verlernt hatte. Doch als die Zwänge überhand nahmen und die Gewalt der Leistung an den Rand der Sklaverei zu führen drohte, besann sich der Mensch auf die Freiheit. Im Zuge der Befreiungsbewegungen, wenn man die Hippie-Bewegung als eine davon nennen darf, wurde das Spiel als ein Instrument der Freiheit gesehen und gefeiert. Es fand seinen theologisch-literarischen Niederschlag in Büchern von H. Cox „Das Fest der Narren“ [34] und J. Moltmann „Die ersten Freigelassenen der Schöpfung. Versuche über die Freude an der Freiheit und das Wohlgefallen am Spiel“ [35]. Seit der Zeit hat das Spiel zur Theologie zurückgefunden, wo es seit den Tagen des Alten Testamentes beheimatet war, da vom „Spiel der göttlichen Weisheit auf dem Erdenrund“ (Spr 31) gesprochen wird und später in Franziskus von Assisi einen neuen Ausdruck fand, der das Ganze des Lebensvollzugs in der Nachfolge Christi als Spiel gesehen und gedeutet hat. Er war hingerissen vom Gedanken, daß Gott als Kind zu uns kommt [36], und wollte das leibhaftig sehen, gestaltete eine Krippe im Rahmen eines Mysterienspiels.

Als Triebfeder steht hinter dem Spiel die Hoffnung auf die eschatologische Vollendung in einer unendlichen Zukunft. Die Pfadfinder singen in ihrem Lied: „Das Leben ist ein Spiel, und wer es recht zu spielen weiß, gelangt ans große Ziel.“

Zu den schönsten Erfahrungen in den Bildungshäusern, in denen ich tätig war, gehören die Spiele, die wir Erwachsenen nach den ermüdenden Bildungsanstrengungen des Tages durchführen: Krankenpflegeschülerinnen, Soldaten, Studenten, aber auch Senioren, Ordensleute und Priester. Originelle Einfälle, Ideenreichtum, Situationskomik, Vieldeutigkeit, Realitätsverfremdung und Realitätsunmittelbarkeit, das alles kommt dabei zum Zuge. Und nicht selten erlebt man, daß gerade die Spiele dazu beitragen, den Kern der Verschüchterung oder Angst aufzubrechen und mit Freude und Vertrauen aufeinander zuzugehen.

Wie harmonisch wird der Körper in das Spiel mit einbezogen! Hier wird der Körper zum Leib, der der Mensch ist, wenn das Kind schreitet, tanzt, sich bewegt und mit anderen die Gemeinsamkeit der Bewegung in graziöser Schönheit zelebriert. Besonders südliche Kinder sind hier Künstler. Aber auch bei uns kann man überraschende Beobachtungen machen. Da ist ein Kurpark, und die Musikkapelle spielt auf der Bühne, und viele Kurgäste auf den Bänken ringsum hören zu. Unmittelbar vor der Bühne ist ein kleiner Platz, auf dem etwa zehn Kinder im Alter von vier bis zehn Jahren zur Musik ungemein kreativ tanzen, sich bewegen, sich treffen und berühren und wieder auseinandergehen und viel Freude ausstrahlen. Die meisten Kurgäste übersehen die spielenden Kinder. Ich habe meine ganze Aufmerksamkeit nicht auf die Musik gerichtet, sondern auf dieses originelle Spiel.

Der amerikanische Soziologe Berger, hat in seinem Buch „Auf den Spuren der Engel" eine Sinndeutung des Spiels gegeben, nämlich Argument für die Möglichkeit einer Transzendenzerfahrung zu sein. Transzendenz nicht nur zu Gott, sondern auch zum Nächsten hin.

„Schön, wenn der verwundete Mensch ... sich erkennt im Blick der Nachbarpupille."

Der wertvolle Schlüssel

Bei einer anderen Gelegenheit bemerkte er: „Ein Chassid ist einer, der einen wertvollen Schlüssel besitzt, einen Schlüssel, der alle Türen öffnen kann, selbst die, die Gott verschlossen hält. Und dieser Schlüssel ist ... der Nigun, das Lied der

Freude, das euer Herz erzittern läßt. Der Nigun öffnet die Tore des Himmels, die Melancholie aber verschließt sie."

Elie Wiesel

10. Ehelos heißt nicht beziehungslos

Viele Christen leben ehelos um des Himmelreichs willen. Um dies zu verstehen, ist eine sensible Feinfühligkeit erforderlich. Nicht alle fassen es, sondern nur, „wer es fassen kann" (Mt 19,12). Um es zu erfassen, müßte man sich in die neutestamentliche Atmosphäre hineinzuleben versuchen: „Der Herr ist nahe" (Phil 4,4): „die Zeit ist kurz" (1 Kor 7,29); „der Unverheiratete sorgt sich um die Sache des Herrn; er will dem Herrn gefallen" (1 Kor 7,32).

Die Auferstehung Jesu hat eine neue Dimension in diese Welt eingeführt: die Spannung zwischen Schon und Nochnicht. Der Herr ist schon gekommen, aber der Gekommene kommt noch nicht sofort wieder, sondern erst am Tage der Vollendung. Christliche Ehelosigkeit möchte Hoffnung auf die Zukunft Gottes sein. In dieser Spannung leben, nicht gequält und traurig, sondern in Hoffnung, schenkt jene freudige Unbeirrbarkeit, in der der Mann, der die kostbare Perle gefunden hat, hingeht und alles verkauft, damit er diese Perle erwerben kann (Mt 13,14).

Doch jeder, der ehelos lebt um des Himmelreiches willen, wird spüren, daß diese Lebenshaltung umkämpft ist. Gerade dieser Rat Christi steht in der Zeichenhaftigkeit des Kreuzes. Wie Christus muß der Unverheiratete, wenn er z. B. als Priester die Eucharistie feiert, sein Leben und sein „gezeichnetes Ich" (G. Benn) in die Liturgie einbringen: „für euch hingegeben".

Ehelosigkeit bedeutet aber nicht, ohne Liebe zu leben, sondern in einer besonderen Form der Liebe zu leben. „Für euch und für viele." Selbst wenn eine Ordensfrau oder ein

Ordensmann in einem kontemplativen Kloster nie in die Öffentlichkeit tritt, sondern immer „nur" betet und meditiert, sie dürfen ihr eheloses Leben als eine Form des Apostolates werten, das vielleicht effektiver ist als manche Formen überorganisierter Seelsorge.

Als ich während meines Studiums in Münster Seelsorger der Klarissen war, konnte ich das Leben dieser Schwestern aus der Nähe erfahren, ein Leben in konsequenter Abgeschiedenheit in beschaulicher Stille. Dabei eine gelassene Fröhlichkeit, die sich ungezwungen und herzlich darstellt. Ich spürte, daß Ehelosigkeit innerlich jung halten kann. Menschen aller Gruppierungen suchen im Gespräch mit den Schwestern Rat, Trost, Aufmunterung und Wegweisung und im Gebet Hilfe. „Ich halte dich für eine Gehilfin Gottes selbst", schrieb Klara an Agnes von Prag.

Nicht nur die besonderen Formen des pastoralen Einsatzes und der Nächstenliebe sind hier gemeint, in denen so viele Unverheiratete durch alle Jahrhunderte leuchtende Beispiele geben. Ist auch Freundschaft möglich? Franziskus kannte die Gebrechlichkeit der menschlichen Natur und stellte eindeutige Prinzipien für seine Brüder auf, damit der Umgang mit Frauen nicht zu einer gefährlichen Versuchung würde. Aber er selbst gibt das Beispiel für eine zarte freundschaftliche Beziehung zu einer Frau, nämlich Klara von Assisi. Diese Freundschaft muß stark und tief und menschlich gewesen sein. Doch ihr Maß und ihre Fülle war die gemeinsame Liebe zu Christus. Beide haben sich gern gesehen. Als sie sich lange nicht mehr getroffen hatten, bat Klara den Bischof von Assisi um Erlaubnis, Franziskus in Portiunkula, das vier Kilometer weit entfernt liegt, aufsuchen zu dürfen. „Als der dafür bestimmte Tag erschienen war, verließ St. Klara mit ihrer Begleiterin das Kloster und kam, von den Gefährten des heiligen Franziskus geleitet, nach Santa Maria degli Angeli (Portiunkula) ... Franziskus ließ den Tisch auf der blanken Erde decken ... und er hub an, von Gott zu reden." Die Legenden der Fioretti berichten: alle Leute im Land ringsum sahen „wie das ganze Kloster und der Wald, der damals daran grenzte, in hellen Flammen waren; und es schien, als ob es ein gewaltiges Feuer sei, das Kirche, Kloster und Wald in einem erfaßt hatte."

Filmemacher, in jüngster Zeit z. B. Liliana Cavani in ihrem Franziskus-Film, greifen gerne die dichterischen Beschreibungen dieser Freundschaft auf mit mehr oder weniger Glück und Geschmack. Eins ist auch hier gewiß: Liebe schenkt ein neues Auge.

Hingabe

Die Jugend ist das beste Alter, sich Gott zu schenken, weil es die Zeit der Liebe und der Illusionen ist, der Liebe des Mannes zur Frau, die Zeit des Frühlings und der Poesie. Die Hingabe an Gott ist eine Hingabe aus Liebe. Je mehr Hoffnungen und Illusionen wir im Herzen hegen („ein unendlicher Hunger nach Illusionen") und je größer unsere Liebe ist zu dem, was wir hinter uns lassen, um so größer ist die Gabe, die wir Gott darbringen, um so größer auch die, die wir empfangen. Welche Gabe bringt schon der, der im Leben enttäuscht ist? Gott verlangt nach Jugend und Feuer und Leidenschaft. Er will das von uns, was wir sonst nur in der Ehe geben würden, weil Seine Liebe Ehe ist.

Ernesto Cardenal

11. Mutter, in deinen Händen

Zwei Jahre vor ihrer Konversion (1926) schreibt die Dichterin Gertrud v. le Fort über ihre anhängliche aber blutende Liebe zur Kirche: „Mutter, ich lege mein Haupt in deine Hände; schütze mich vor dir!"

Welche Erfahrungen machen wir in der Kirche, mit der

Kirche, an der Kirche? Wie gut, sich daran zu erinnern, wie die Eltern die ersten Religionslehrer und Liturgen in der eigenen Familie, der Kirche im kleinen, waren; die frühkindliche Erinnerung an den gemeinsamen Kirchgang mit der großen Familie zu Weihnachten, als das Gotteshaus von den Lichtern der Kronleuchter und den vielen Kerzen am Altar strahlend erleuchtet war; die erste Begegnung mit einem Priester; die „Christenlehre" am Sonntagnachmittag, bei der jedes einzelne Kind zu Beginn aufgerufen wurde; der Religionsunterricht, die Begegnung mit den Brüdern des heiligen Franziskus; die Konkretisierung der Vorstellung von Kirche als einer hierarchisch gegliederten Gemeinschaft mit Bischöfen und dem Papst; die Auseinandersetzung mit der Ideologie des Nationalsozialismus, die es mit sich brachte, daß gerade das Petrusamt des Bischofs von Rom sich glaubensstärkend erwies in einer fast fraglosen Bejahung; die Bereitschaft zum Einsatz für das Reich Gottes: Auf die Abiturskarte ließen wir das Wort von Reinhard Johannes Sorge, einem gläubigen Dichter, der im Ersten Weltkrieg gefallen war, drucken: „Ich will die Welt auf meine Schulter nehmen und sie mit Lobgesang zur Sonne tragen."

Die Enzyklika „mit brennender Sorge" von Papst Pius XI., die die Schärfe der Auseinandersetzung deutlich machte; die Kirchenbegeisterung, die die Bücher von Gertrud von le Fort auslösten, vor allem die Hymnen an die Kirche. In ihnen fanden wir unsere inneren religiösen Erlebnisse und Gefühle wieder. Die sechzig Ordensstudenten, die wir täglich in einem sorgfältig gestalteten Chorgebet die Psalmen des Breviers rezitierten oder sangen, fanden sie in der Form und dem Stil der Hymnen wieder. Beide sind Ausdruck der „heimlichen, innerlichen Kommunion des Menschen mit Gott" [37].

Darüber kann man wohl keine statistischen Angaben machen, aber aus vielen Gesprächen mit katholischen Kriegskameraden weiß ich, daß die Werke von Gertrud von le Fort uns über die furchtbare geistige Durststrecke des Krieges nicht nur hinweggebracht haben, sondern gestärkt daraus hervorgehen ließen. Ebenso war es mit den Hirtenbriefen des Bischofs von Münster, Clemens August v. Galen, und mit dem Abschiedsbrief des münsterschen Philosophen Peter Wust, dessen Vorlesung in unserem Studienkloster mir unvergeßlich bleibt: „Ich befinde mich in absoluter Sicherheit."

Die Theologie, die wir, aus Krieg und Gefangenschaft heimgekehrt, studierten, war eine gläubige Theologie, verankert in den Grundsätzen der kirchlichen Lehre. Doch spürte man in ihr eine gewisse Starrheit und Eintönigkeit, die uns nicht selten langweilte. Das Zweite Vatikanische Konzil brachte einen schwungvollen Auftrieb an neuen Perspektiven.

Jetzt – 25 Jahre danach – können wir uns kaum vorstellen, wie man in den sechziger Jahren in allen christlichen Kreisen, in den Familien, auf der Straße, bei Konferenzen und Begegnungen über die Kirche sprach, die sich in einem kühnen Schritt in die neue Zeit aufgemacht hatte. „Kirche, wie schön bist du!" Dieser Aufruf von Mario von Galli, war uns aus dem Herzen gesprochen.

Der Papst, der mehr als alle anderen Päpste dieses Jahrhunderts den Aufbruch symbolisierte, war Johannes XXIII., von allen verehrt, geliebt, gern gehört und geschätzt.

Die Theologie, die sich in den dreißiger Jahren bis nach dem Zweiten Weltkrieg von dem Kerngedanken Kirche als mystischer Leib Christi tragen ließ, wurde daneben und darüber hinaus durch das Konzil in die dynamische Sicht der Kirche als des Volkes Gottes getragen. Daraus ergab sich eine Bewegung hin zu größerem Verständnis für die Einbindung der Kirche in die Geschichte, in die Kultur und in die Zukunft.

In den frühen achtziger Jahren machte sich langsam, aber immer stärker eine Wende bemerkbar: Vieles schien vielen Theologen inzwischen zu unbewegt. Das Feuer des Konzils hatte nachgelassen. Man hatte den Eindruck, daß die Amtsträger in der Kirche sich schwer taten, die Konzilsanregungen in die Wirklichkeit des kirchlichen Alltags einzulassen. Hatten sie Angst? Glaubten sie, der Sturm des Geistes Gottes, der das Konzil begleitet hatte, wäre zu stark gewesen? Wollten sie bremsen, vielleicht sogar vor das Konzil zurückgehen?

Dann kam ein kraftvoller Wind aus Lateinamerika. Die Befreiungstheologie, ausgelöst durch die Bischofskonferenzen in Medellin und Puebla, entfachte ein neues Feuer der Begeisterung in den Ländern jenseits des Ozeans. In der durch Jahrhunderte alte Strukturen festgelegten Kirche in Zentraleuropa löste die Bewegung zwar Aufmerksamkeit aus, aber sie konnte kein Feuer entzünden. Im Gegenteil: Manche hatten den Eindruck, daß die Führer der Kirche in Europa Furcht hatten, die neuen Bewegungen könnten zur Ungebundenheit und Ausuferung führen. Wird die Einheit der Kirche nicht gefährdet? Macht sich in den Basisgemeinden nicht ein marxistischer Geist bemerkbar? So wurde in Europa mehr Gewicht auf Strukturen und Organisation gelegt als auf den Impuls des Geistes.

Doch immer wieder regt sich der Geist auch bei uns. Der Geist, der lebendig macht, läßt sich nicht zähmen. Er weht, wo er will. So gibt es heute ein ambivalentes Verhältnis zur Kirche: Auf der einen Seite Freude am Evangelium und ein herzliches Ja zum Jesus des Evangeliums, der auch der Herr der Kirche ist. Auf der anderen Seite: Abwanderung aus der Kirche, Kritik an der Leitung, Ärger über „Übergriffe" der römischen Behörden.

„Die Tragödie der Kirche", wie Hans Urs von Balthasar sie nennt, macht sich bemerkbar: Das Kreuz Christi erwächst nicht nur aus der Konfrontation mit der „Welt", sondern auch mit der erlebten Wirklichkeit der Kirche [38]. Es war so und wird so bleiben: In der Kirche wird Sündern echte geistliche Macht anvertraut. Sie zu verwalten ist schwer, falls der Verwalter nicht selbst ein Heiliger ist, beinahe unmöglich. Die Begrenztheit der Amtsträger wird heute mehr denn je gespürt. Kritik am Amt zu üben halten die einen für ihre Pflicht, die anderen erfahren sie oft als ungehorsamen Angriff. „Aber wir ehren die Kirche nicht durch einen geistlosen, sondern durch einen schöpferischen Gehorsam“ (B. Häring).

Die Kirche kann ohne echte Kritik gar nicht existieren. Das Evangelium und die Geschichte sind ständige Kritik.

Viele können sich heute mit einer neuen Weise die Worte von Gertrud von le Fort zu eigen machen: „Mutter, ich lege mein Haupt in deine Hände, schütze mich vor dir!“ Die Menschen sind auf der Suche nach der Kirche, die liebt und hilft wie eine Mutter, einer Kirche, die vom Geist bewegt, die Menschen im Namen Jesu in einer geschwisterlichen Gemeinschaft der Liebe eint. Doch möchten sie nicht eine Kirche, die zentralistisch alles an sich zieht in überspitzten hierarchischen Strukturen. Sie bitten die Mutter Kirche, sie vor dieser Kirche zu schützen.

Ich habe in meinen langen Lebensjahren früher und heute erfahren, daß es ohne Kirche kein Heil gibt, wenigstens nicht für mich. Die Tragik der Kirche, die darin besteht, daß sündigen Menschen Macht anvertraut wird, die oft mißbraucht wurde und auch jetzt noch mißbraucht wird, hat mir den unerschütterlichen Glauben daran geschenkt, daß Christus der Herr der Kirche ist, nicht Menschen.

In der Ohnmacht (Asthenie) der Kirche erweist sich die alles überwindende Kraft (Dynamis) Christi: „Wenn ich schwach bin, dann bin ich stark“ (2 Kor 12,10). Die Kirche ist von Gott, sonst würde sie nicht leben. Deshalb liebe ich sie und lege voll Vertrauen mein Haupt in ihre Hände.

Sei daheim

Deine Stimme spricht zu meiner Seele:
Fürchte dich nicht vor meinen goldenen Kleidern
und erschrick dich nicht vor den Strahlen meiner Kerzen,
denn sie sind alle nur Schleier meiner Liebe,

sie sind alle nur wie zärtliche Hände über mein Geheimnis!
Ich will sie fortziehen, weinende Seele,
damit du erkennst, daß ich dir nicht fremd bin:
Wie sollte eine Mutter nicht ihrem Kind gleichen?
Alle deine Schmerzen sind in mir!
Ich bin aus Leiden geboren,
ich bin aufgeblüht aus fünf heiligen Wunden,
ich bin gewachsen am Baum der Schmach,
ich bin erstarkt am bittren Wein der Tränen –
ich bin eine weiße Rose in einem Kelch voll Blut!
Ich lebe aus dem Leid, ich bin eine Kraft aus dem Leid,
ich bin eine Herrlichkeit aus dem Leid:
Komm an meine Seele und sei daheim!

Gertrud von le Fort

Anmerkungen

[1] Lobpreis Gottes von Alverna, „Gotteslob“, 3,4; vgl. L.Lehmann, Franziskus. Meister des Gebetes, Werl 1989.
[2] C. Carretto, Worte aus der Wüste, Freiburg/Br. 1989, 49.
[3] J.-M. Déchanet, Yoga hilft Christen, Wien, Freiburg, Basel, 1975, 54.
[4] Hrsg. und eingel. von W. Jäger, Salzburg 1984.
[5] F. de Osuna, Versenkung. Weg und Weisung des kontemplativen Gebetes, ausgew., übers. und eingel. von E. Lorenz, Herderbücherei Nr. 938, Freiburg/Br. 1982, 41.
[6] M. Furlong, Alles, was ein Mensch sucht. Thomas Merton, ein exemplarisches Leben, Freiburg/Br. 1982, 416.
[7] H. M. Enomiya-Lassalle, Die Entdeckung des Zen-Weges, in: Übung der Kontemplation, hrsg. von G. Stachel, Mainz 1988, 30.
[8] Meister Eckehart's Seins-Mystik und die Erfahrung der Wüste, Würzburg 1989.
[9] E. Grau, Leben und Schriften der Heiligen Klara, Werl 1960, 122.
[10] F. de Osuna, Versenkung, 41.
[11] Vgl. „Gotteslob“, Nr. 3,4.
[12] A. de Mello, Meditieren mit Leib und Seele, Kevelaer 1984.
[13] K. Beyschlag, Dag Hammerskjöld, in: Große Mystiker, hrsg. von G. Ruhbach und J. Sudbrack, München 1984, 317.
[14] Ignatius. Der Bericht des Pilgers, übers. und erl. von B. Schneider, Freiburg/Br. 1988.
[15] A. Rotzetter, in: Geist und Geistesgaben, Köln 1980, 257.
[16] A. de Mello, Meditieren mit Leib und Seele, 151.
[17] Dsgl.
[18] Artemis-Verlag, 51.
[19] Christusbegegnungen, Rottweil 1980, 24.
[20] R. Llull, Das Buch vom Freunde und vom Geliebten, Zürich und München 1988, 49.
[21] L. Scheffczyk, Der Sonnengesang des heiligen Franz von Assisi und die Hymne an die Materie des Teihard de Chardin, in: Geist und Leben 35 (1962), 21aff; L. Hardick, Der Sonnengesang des

heiligen Franz, Werl 1974; E. W. Platzek, Das Sonnenlied des heiligen Franziskus von Assisi, Werl 1984.
[22] Platonismus, LThK Band 8, 556.
[23] Leben „und goldene Worte" des Bruder Aegidius, übertr. von P. A. Schlüter, Werl 1953.
[24] W. Johnston, Der ruhende Punkt. Zen und christliche Mystik, Freiburg/Br. 1975, 178.
[25] F. de Osuna, Versenkung, 100.
[26] E. Lorenz, Der nahe Gott. Im Wort der spanischen Mystik, Freiburg/Br. 1985.
[27] Aufrichtige Erzählungen eines russischen Pilgers, hrsg. und eingel. von E. Jungclaussen, Freiburg/Br. 1987, 37.50.
[28] A. und W. Huth, Meditation, München 1988, 41.
[29] Ebd. 50ff.
[30] C. Pohlmann, Franziskanische Meditation, Mainz 1982, 60.
[31] Vgl. L. Lehmann, Franziskus, Meister des Gebetes, Werl 1989, 185.
[32] Julian von Speyer, Leben des heiligen Franziskus, Werl 1989, 81.
[33] Die Schriften des heiligen Franziskus von Assisi, hrsg. von L. Hardick und E. Grau, Werl 1981, 31ff.
[34] München 1969, neuerdings vom selben Autor: „Göttliche Spiele", Freiburg/Br. 1989.
[35] München 1971.
[36] J. Bill, Der spielende Gott, in: Pastoralblatt 12 (1989), 353f.
[37] I. Hilton, Zu den „Hymnen an die Kirche", in: Dichtung ist eine Form der Liebe. Begegnung mit Gertrud von le Fort, München 1976, 103.
[38] Die Tragödie der Kirche, in: Pastoralblatt 11 (1989) 334f.

Quellennachweise zu den Meditationstexten

S. 11: Psalm 63, 1–9, Übersetzung von Franz Johannes Weinrich. Die Psalmen deutsch, Paul Pattloch Verlag, Aschaffenburg.
S. 14: Peter Lippert SJ, in: Der Mensch Job redet mit Gott, © bei der Oberdeutschen Provinz SJ, München.
S. 17: Antoine de Saint-Exupéry, in: Die Stadt in der Wüste, Verlag Karl Rauch, Düsseldorf 1969.
S. 26: Aus: Reinhold Schneider, Rechenschaft, Johannes Verlag, Einsiedeln 1951.
S. 32f: Aus: Eugen Drewermann, Dein Name ist wie der Geschmack des Lebens. Tiefenpsychologische Deutung der Kindheitsgeschichte nach dem Lukasevangelium, Verlag Herder, Freiburg ²1989.
S. 37f: Aus: Thomas Merton, Der Berg der sieben Stufen, © 1985 by Benziger Verlag AG, Zürich.
S. 39f: In: Die Demut Gottes. Meditation, Lieder, Gebete, hrsg. von Anton Rotzetter und Elisabeth Hug, © 1977 by Benziger Verlag AG, Zürich.
S. 41f: Aus: Aufrichtige Erzählungen eines russischen Pilgers, hrsg. von Emmanuel Jungclaussen, Verlag Herder, Freiburg/Br. ¹⁷1989.
S. 44: Anthony de Mello, in: Eine Minute Weisheit, Verlag Herder, Freiburg/Br. 1986.
S. 46f: Constantin Pohlmann, in: Beten ist wie atmen, Bernward-Verlag, Hildesheim 1985.
S. 49f: Anthony de Mello, in: Meditieren mit Leib und Seele, Neue Wege der Gotteserfahrung, Verlag Butzon & Bercker, Kevelaer ²1986.
S. 52: In: L. Holtz, Die Mitte des Menschen, Trier 1981.
S. 57f: Ernesto Cardenal, in: Das Buch von der Liebe, Peter Hammer Verlag, Wuppertal-Barmen 1971.
S. 63: Leonardo Boff, in: Mensch geworden. Das Evangelium von Weihnachten, Verlag Herder, Freiburg/Br. ³1988.
S. 72: Josef Pieper, in: Über die Schwierigkeiten, heute zu glauben, Verlag Kösel, München 1974.

S. 76: Hans-J. Klauck, in: Brot vom Himmel. Biblische Texte für heute erschlossen, Verlag Echter, Würzburg 1985.
S. 89: Kurt Marti, in: Meergedichte – Alpengedichte, Wolfgang Fietkau Verlag, Berlin 1975.
S. 96: Aus: Rose Ausländer, Wieder ein Tag aus Glut und Wind. Gedichte 1980–1982, © S. Fischer Verlag GmbH, Frankfurt/M. 1981.
S. 100: Rose Ausländer, in: Im Atemhaus wohnen, S. Fischer Verlag GmbH, Frankfurt am Main.
S. 101 f: Aus: Antoine de Saint Exupéry, in: Der Kleine Prinz, Verlag Karl Rauch, Düsseldorf 1959 u. ö.
S. 104: Antoine de Saint-Exupéry, in: Flug nach Arras, Verlag Karl Rauch, Düsseldorf 1959 u. ö.
S. 112: Antoine de Saint-Exupéry, in: Die Stadt in der Wüste.
S. 113: Hans-J. Klauck, in: Brot vom Himmel.
S. 115: Elie Wiesel, in: Was die Tore des Himmels öffnet, Verlag Herder, Freiburg/Br. 1981.
S. 118: Ernesto Cardenal, in: Das Buch von der Liebe.
S. 122: Gertrud von Le Fort, in: Hymnen an die Kirche, Verlag Kösel, München [3]1924.